Fútbol de verdad

Comprensión profunda del juego

Samy Stroh Birmaher

amazon books

Stroh Birmaher, Samy
Fútbol de verdad : comprensión profunda del juego / Samy Stroh Birmaher.
- 2a ed . - Amazon Inc, Amazon Books Direct Publishing, 2023.
164 p. ; 23 x 15 cm.

ISBN 978-958-48-8894-5

1. Fútbol. I. Título.
CDD 796.334

Quedan prohibidos, dentro de los límites establecidos en la ley, la reproducción total o parcial de esta obra por cualquier medio o procedimiento, ya sea electrónico o mecánico, el tratamiento informático, el alquiler o cualquier otra forma de cesión de la obra sin la autorización previa y por escrito del autor y la editorial.

Autor, SAMY STROH BIRMAHER
5 de enero de 1988, Cali, Colombia.

Inició su formación deportiva en el club Atlético Boca Juniors de Cali donde fue goleador nacional de la categoría Primera C. Jugó fútbol profesional en los clubes Bogotá FC e Independiente Santa Fe, el periodo fue corto, una lesión grave de rodilla lo alejó de las canchas como jugador. Durante su recuperación, debido a su comprensión táctica del fútbol, clasificó al Mundial del videojuego FIFA 12 en Dubái (reunió a los 24 mejores jugadores del mundo). Sin el posible regreso al fútbol como jugador, cambió el objetivo por el de ser DT. Es Magister en Dirección de Fútbol y Metodologías de Juego por la Universidad Europea de Madrid. Es Profesional en Deporte por la Escuela Nacional del Deporte de Cali, Colombia. Dirigió su selección de fútbol con la que logró ser campeón regional invicto disputando Juegos Nacionales. También es licenciado Entrenador Profesional FPC, ATFA, especialista en análisis de juego, y ha cursado diferentes estudios en Táctica, Estrategia y Dirección de equipos. Fue metodólogo de todas las escuelas Comfandi en el Valle del Cauca. Proporcionó su modelo de juego para el equipo Cyclones sub-20 durante el Torneo Internacional las Américas obteniendo el título de campeones. Fue DT de la Selección Cauca Juvenil alcanzando uno de los mejores resultados en su historia. Trabajó en el club profesional Orsomarso como DT de la categoría sub-20 y coordinador de las divisiones menores. Trabajó con la empresa europea Fútbol Táctico Group en el comité de la revista digital Fútbol Táctico Colombia y también es docente universitario paralelamente. Fundó y es director deportivo de la exitosa academia de futbol formativo, Golpro en Colombia. Su última vinculación fue con el Club América de Cali, inició como metodólogo y actualmente fue nombrado director de las divisiones menores; así mismo, también es asesor táctico del equipo profesional en la Secretaría Técnica del Club.

En honor a mi papá

En el libro, encontraremos códigos QR para escanear con cualquier aplicación lectora de códigos que nos llevará al enlace correspondiente para su reproducción. Todas las visualizaciones, son de equipos (en diferentes categorías) en los que ha trabajado el DT y autor del libro, Samy Stroh. El objetivo es evidenciar la aplicabilidad de los conceptos mencionados en el texto.

Contenido

Introducción 1
1. Diferencia Entre Estrategia Y Táctica 3
2. Otras Maneras De Definir La Táctica 9
3. Concepciones Equivocadas Sobre La Táctica 10
4. La Técnica Está Implícita En La Táctica 22
5. Fútbol = Táctica = Cerebro 24
6. Entender El Juego: La Película 29
7. No Clasificar La Táctica Por El *Tipo* De Acción Sino Por La *Complejidad* De Acción 36
8. Conceptos De Juego 38
9. El Modelo De Juego 44
10. Formatos/Herramientas Para El Modelo De Juego 49
11. Roles Del DT 55
12. Plasticidad Posicional 58
13. Evaluación Del Rendimiento En El Juego 64
14. Formato/Herramienta Para Evaluación Del Rendimiento En El Juego 70
15. Jugar Bien, Jugar Mejor Y Jugar Vistoso 72
16. La Importancia Del *Cómo* 78
17. Posesión De Balón: Razón De Ser 88
18. La Manera En Que Ataco Condiciona La Manera En Que Defiendo Y Viceversa 100
19. "Las Finales No Se Juegan, Se Ganan": Falso. Las Finales Sí Se Juegan, Y Así Se Ganan: Correcto 103
20. Modelo De Juego Demostrativo De Samy Stroh En Ejecución 106

Referencias Bibliográficas 108

Introducción

Fútbol, el deporte más popular del mundo, es una fuente poderosa de opinión pública. Después de miles de horas de jugarlo, verlo, alentarlo y "analizarlo", ¿quién no opina con "convicción y certeza al respecto"? Pero aun estudiarlo y trabajarlo profesionalmente, no es en muchos casos garantía de comprenderlo.

Ocurre en el fútbol lo mismo que ocurre en la política, todos comentamos, opinamos, discutimos, anticipamos, vaticinamos. Es parte de su magia y encanto, sin embargo, su complejidad es tal, que en muchos casos, ni siquiera un director técnico (DT) profesional es necesariamente una voz acreditada respecto a algunos temas.

La masiva opinión pública del fútbol es resultado de su popularidad e impacto orbital. Hay un gran mercado en el que todos participan: protagonistas, seguidores, cuerpos informativos, presidentes, representantes, intermediarios, etc. El flujo de opinión cobija todos los temas concernientes al análisis y los resultados del juego, tan vitales y significativos para millones de personas en el mundo.

Al escuchar, ver o leer, el volumen aplastante de información, se creería que el fútbol ha llegado a convertirse en contenido y objeto de una extensa opinión bien informada, lo cual entraña un error de apreciación. Por supuesto, se puede opinar, con mayor o menor autoridad y capacidad, lo cual no necesariamente indica que una mayor información conlleve a que se comprenda mejor el juego. El problema no es solo de cantidad, es prioritariamente de calidad. El fútbol tiene muchos paradigmas instalados desde su inicio, debemos aclarar y filtrar la información para desmentir y reafirmar lo cierto en función de replantear.

Trabajamos en este deporte diferentes aspectos… La construcción táctica; la preparación fisiológica; el seguimiento psicológico; la biomecánica; el análisis de información; la planificación del entrenamiento; la estrategia y demás. Lo fascinante y complejo del juego es que, en el campo, todos los recursos —incluso los científicos— con que nos hemos preparado, se someten de manera rotunda a la fuerza insondable del azar, lo casual, lo fortuito, como si se tratara de un juego altamente aleatorio, aunque el trabajo de todo DT es evitar que lo sea. Por más que suene extraño, su función es limitar su naturaleza, intentar controlarla.

"El fútbol es un fenómeno complejo de causalidad no lineal"[1]. Es colectivo-situacional —repleto de interacciones— y la cantidad de variantes produce una variabilidad significativa en el resultado. De manera que los DT intentamos controlar y reducir su nivel de imprevisibilidad. Quien logra hacerlo mejor, es quien normalmente tiene más oportunidades de ganar, por lo cual, el profundo y necesario afán de acertar en la *comprensión del juego*. ¿Cómo lo hacemos? A través de la *táctica*.

La táctica establece los comportamientos de un equipo en el campo (modelo de juego), determina las interacciones entre jugadores y la plasticidad infinita del partido. La táctica coordina las demás dimensiones del juego (aunque no se separen): técnica, física (fisiológica) y psicológica, para saber cómo entrenar en función de la manera como se pretende jugar.

El principio orientador del libro es: *si entendemos verdaderamente la táctica, comprendemos realmente el juego*. Algunos objetivos prácticos son: aprender a leer lo que pasa en el partido. Identificar los puntos de inflexión. Conocer el origen del pensamiento cognitivo del jugador, aproximándonos a entender el arte definitivo de tomar decisiones acertadas en el campo. Reconocer patrones de comportamientos. Mejorar el criterio de análisis. Adquirir herramientas para desarrollar un modelo de juego y aplicar diferentes conceptos como entrenadores. Mejorar la eficiencia del entrenamiento. Realizar correctos juicios de valor… *Ser conscientes de lo que realmente significa el juego, comprenderlo profundamente*.

Diferencia entre estrategia y táctica

Estrategia y táctica son conceptos cuyo significado suele confundirse. Sin importar el área, siempre existe un grado de imprecisión en su utilización para referirse a sus relaciones mutuas. Desde el inicio de los tiempos, las sociedades las han utilizado en tareas de planificación, decisión y ejecución para mejorar los resultados sobre los objetivos. Primero para su supervivencia, después en las guerras o ámbitos militares, y con el tiempo, como objeto de conocimiento.

Cada objetivo que nos proponemos, nos demos cuenta o no, lo abordamos con una perspectiva estratégica y táctica, y aunque suele muchas veces darse de manera implícita, su efectividad mejora cuando se lo hace explícitamente en una matriz de planeación.

Diferenciemos dos enfoques:
Estrategia y táctica en **general**.
Estrategia y táctica en **fútbol**.

Definiciones en el enfoque **general**:
Estrategia: "Arte, traza para dirigir un asunto" (DRAE). Hace referencia a aspectos grandes, proyecciones a largo plazo, asuntos globales. Responde a un gran objetivo establecido.
Táctica: "Método o sistema para ejecutar o conseguir algo" (DRAE). Hace referencia a aspectos pequeños, tareas inmediatas, asuntos particulares y específicos. Responde a un encadenamiento estratégico establecido.

Veamos un ejemplo:

Objetivo: mejorar los ingresos económicos del Club Deportivo.
Estrategia: incrementar la venta de boletas en los partidos jugados como local durante la temporada.
Táctica: exposición online; publicidad audiovisual de los partidos; descuento en boletería de partidos de menor interés.

Es usual que para conseguir un objetivo se necesiten varias estrategias, que a su vez, necesitan varias tácticas.

Definiciones en el enfoque del **fútbol**:
Estrategia: planeación, decisión y ejecución de factores externos al juego; y planeación y decisión de factores internos del juego.
Táctica: ejecución de factores internos del juego.

Al decir, *externo al juego*, nos referimos a todo lo que sucede afuera del partido y es indirecto al juego. *Interno del juego*, a todo lo que sucede adentro del partido y es directo del juego.

Profundizando un poco más sobre la definición de táctica y aclarando qué es lo que sucede adentro del partido…
Táctica: comportamientos individuales y colectivos del equipo en cada uno de los diferentes momentos y zonas del juego, considerando la oposición.

Veamos unos ejemplos:
Estrategia (externo al juego): planeación, decisión y ejecución respecto a, condiciones del terreno de juego; clima; dimensiones del campo; recuperación; alimentación; selección de jugadores; cambios.
Estrategia (interno del juego): planeación y decisión de cómo jugar.
Observemos que, sobre lo interno del juego, son factores únicamente de planeación o decisión; no hay ejecución, es decir, comportamientos, eso ya sería táctica como tal.
Táctica (interno del juego): ejecución de, amplitud; desmarque de apoyo; marcaje; profundidad; asociación en corto; superioridad numérica por zona; movilidad.
Táctica (externo al juego): no hay.

Observemos que en el enfoque del *fútbol,* desaparece el *objetivo* (a diferencia del enfoque *general*), la razón de ser es, porque respecto al *fútbol,* está implícito el *objetivo* constante de ganar.

Definiendo la estrategia de otra manera, es: cómo podemos hacerle "daño" al rival y evitar que nos lo hagan, en base a las fortalezas y debilidades propias y del rival (planeación, decisión y ejecución afuera del partido, y, planeación y decisión adentro del partido). Y la táctica: la manera de llevar a cabo dicha estrategia (ejecución de determinados comportamientos o acciones adentro del partido). Agreguemos también que, la técnica, son las herramientas para ejecutar la táctica, es decir, la destreza o habilidad para realizar los comportamientos o acciones adentro del partido. (La técnica resuelve la táctica, la táctica resuelve la estrategia y la estrategia resuelve el plan de juego).

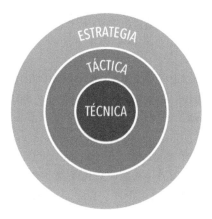

Veamos las siguientes situaciones hipotéticas *internas del juego,* como ejemplos aplicados, identificando los aspectos estratégicos y tácticos:

Situación: el DT decide ser más ofensivo en el partido de visitante, dado que los goles convertidos por fuera de casa valen más que los convertidos de local ante caso de empate global.
Estrategia: la decisión del DT de ser más ofensivo buscando conseguir varios goles en el marcador.
Táctica: aquellos comportamientos específicos de los jugadores para hacer más ofensivo al equipo, como: volumen ofensivo; profundidad de laterales; interiores pisando el área rival.

Situación: el jugador decide realizar un contraataque en la transición ofensiva porque observa mal posicionado al rival.
Estrategia: la decisión del jugador de aprovechar el posicionamiento del equipo rival a través del contraataque.
Táctica: el contraataque y los comportamientos que lo pueden componer, como: desmarques de ruptura, profundidad y penetración.

Situación: el equipo desde el arranque del partido recuesta el juego ofensivo sobre el sector izquierdo, porque sabe que el rival es más vulnerable ahí.
Estrategia: el plan de recostar el equipo para hacerle daño al rival en el sector más frágil y vulnerable del campo.
Táctica: recostar el juego hacia el sector izquierdo y los comportamientos realizados en ese espacio, como: superioridad numérica por esa zona; juego asociativo a buen ritmo; búsqueda constante de duelos frente al lateral.

Situación: el DT alinea un delantero con muy buen juego aéreo para aprovechar las falencias defensivas del rival y sacar ventaja.
Estrategia: la decisión del DT de alinear al delantero con capacidad en el juego aéreo.
Táctica: comportamientos específicos en el campo de juego de los jugadores en función del juego aéreo, como: constantes centros; amplitud y profundidad por las bandas; movimientos de desmarcación en el área del delantero.

Situación: el DT realiza un juego construido en posesión del balón durante los últimos veinte minutos del partido, para generar menor desgaste de desplazamiento, buscando la mejor condición fisiológica del equipo, debido a la cercanía del próximo partido en el calendario
Estrategia: la decisión del DT de realizar un juego construido para no desgastarse los últimos veinte minutos del partido, pensando en la recuperación.
Táctica: el juego construido y los comportamientos que lo pueden componer, como: equipo corto entre líneas; apoyos cercanos; triángulos posicionales; equipo viajando junto.

Situación: un gol conseguido a través de un desmarque de ruptura en la última línea del equipo rival.
Estrategia: la planeación del desmarque de ruptura como aspecto ventajoso para lastimar al rival en una debilidad estudiada.
Táctica: el desmarque de ruptura.
Situación: el DT decide defensivamente realizar un marcaje directo en los primeros quince minutos del partido.
Estrategia: la decisión de defender con un marcaje directo los primeros quince minutos del partido.
Táctica: el marcaje directo y los comportamientos que lo pueden componer, como: el jugador más cercano al poseedor del balón va a presionarlo; los jugadores cercanos marcan a los posibles receptores; vigilancias; equipo corto sin importar la figura.

Situación: el rival elige no cortar el césped de su terreno para que el balón no ruede con facilidad sobre el suelo.
Estrategia: no cortar el césped para afectar el juego construido del rival.
Táctica: no hay elemento táctico, dado que es un factor *externo al juego*. Si la perspectiva de la misma situación hipotética, la abordáramos con el enfoque *general*, podríamos mencionar aspectos tácticos. Diríamos que el objetivo es sacar ventajas en el partido. La estrategia es afectar el juego construido del rival. Y la táctica es no cortar el césped. Analizar el ejemplo con el enfoque *general* desnaturaliza su comprensión, pues es claro que la forma de abordarlo es a través del enfoque del *fútbol*. (Utilizamos el ejemplo como elemento aclarador).

En el enfoque del *fútbol*:

Estrategia	Táctica
Factores externos al juego: · Clima. · Terreno. · Recuperación. · Alimentación. · Selección de jugadores.	No hay factores externos al juego.
Factores internos del juego (a nivel de planeación/decisión): · Planeación de un partido para atacar con balones largos. · Decisión de replegar al equipo para reducir espacios en bloque bajo. · Planeación de un juego construido para lastimar al rival. · Decisión de realizar un desmarque de apoyo.	**Comportamientos internos del juego (ejecuciones):** · El comportamiento de atacar con balones largos. · El comportamiento de replegar. · El comportamiento del juego construido. · El comportamiento del desmarque de apoyo.

Observemos que, en las situaciones *internas del juego*, una misma acción puede ser tanto estratégica como táctica, según cómo sea comprendida. A nivel de planeación y/o decisión (estrategia), o a nivel de comportamientos (táctica).

Otras maneras de definir la táctica

A partir de la definición de táctica dada en el capítulo anterior, observemos otras maneras de definirla:

Táctica: comportamientos individuales y colectivos del equipo en cada uno de los diferentes momentos y zonas del juego, considerando la oposición.

Comportamientos = acción
Momentos = tiempo
Zonas = espacio

Así que:

Táctica: acciones en tiempo y espacio del equipo durante el juego, considerando la oposición.

Acción = qué
Tiempo = cuándo
Espacio = dónde

Así que:

Táctica: qué, cuándo y dónde del equipo durante el juego, considerando la oposición.

Las anteriores definiciones sobre táctica son sinónimas, permiten enfoques similares y complementarios para entenderla mejor.

③

Concepciones equivocadas sobre la táctica

Los ejemplos del capítulo no tienen como objetivo indicar la concepción equivocada para recriminar o señalar, sino, demostrar que existen problemas semánticos y de relación entre conceptos que impiden una adecuada y natural comprensión del juego.

El fútbol tiene alta dosis de imprevisibilidad y eventos fortuitos. Un importante escritor y periodista argentino, Dante Panzeri, tituló su obra más popular: "Fútbol: dinámica de lo impensado". Y aunque lo impensado no es lo predominante del juego, sí tiene mucho de eso. Lo que podría interpretarse, como que las acciones que suceden en el juego, no obedecen por entero o siempre a un patrón de causalidad que hiciera anticipables las consecuencias. En diferentes momentos la situación se altera (siendo un deporte situacional), y con ella la información y la lectura cambiante-decisional de cada jugador y del colectivo. La imprevisibilidad reta a los DT, siempre quisiéramos reducirla para tener un mayor control sobre la variabilidad, hacer que la idea de juego y el cómo, interpreten ajustadamente lo que deseamos suceda en la cancha. Que la propuesta táctica y la convicción personal sirvan para reducir la brecha que abre lo inesperado. *Minimizar lo casual, maximizando lo causal.* "Todos los DT tenemos la intención de controlar el juego por más imposible que parezca, quizás es una ilusión"[2], Guardiola.

Los cómos de los equipos, basados en su identidad y su filosofía de juego, intentan definir interacciones cambiantes de "colaboración-oposición"[3], entre compañeros y rivales, para construir o destruir un plan, lo que supone la coordinación de muchas subjetividades para tomar acciones conjuntas, en un terreno altamente imprevisible.

Coincido en parte con Panzeri, pero no con el enfoque del fútbol en el que "la táctica le quita al juego inspiración, arte y creatividad". La táctica interviene escenarios en los que el talento de los jugadores aparece en su mayor expresión. La postura de Panzeri sobre la táctica se ha malinterpretado en cuanto al significado funcional en el juego. Se asume que un equipo es táctico cuando es rígido y poco creativo. Y es exactamente lo contrario.

Entre más táctico sea un equipo, tendrá mayor riqueza de comportamientos, más variedad en el juego y permitirá más escenarios donde salga a relucir la creatividad. Decirle a un DT que su equipo es muy táctico, es el mayor elogio. La creatividad o improvisación son principios de juego que él establece en el modelo. Él decide dónde (zona) y cuándo (momento) improvisa o da libertades y con qué jugadores. No es una fórmula que mezcle lirismo, talento y estética ambiguamente. Es una búsqueda constante de escenarios, donde en mayor o menor medida, el DT despliega lo que cree, su táctica, contenida y detallada en su obra máxima: un modelo de juego único e irrepetible.

La creatividad e inspiración están normalmente asociadas al talento. Sin embargo, en un buen contexto táctico, tales atribuciones se magnifican. El azar, lo fortuito, el error, la casualidad, lo ilógico, tienden a reducirse, cuando el DT logra hacer prevalecer su idea por encima de la de su rival (aunque el fútbol siempre tenga su manera de sorprendernos).

Ejemplo uno:
Participan varios jugadores realizando un juego construido a través de muchos pases consecutivos desde el propio campo hasta el del rival, finalizando en gol. Es una jugada de alta creatividad y talento, no por el manejo de la imprevisibilidad y lo impensado, sino por el escenario táctico que permite el desenlace. En tal acción podrían darse, por ejemplo, los siguientes subprincipios de juego: equipo corto; superioridad numérica por zonas; desmarques de apoyo; triángulos posicionales; entre otros. Si bien, no hubiese sido posible su

ejecución sin excelentes capacidades técnicas de los jugadores, la principal dimensión que hace posible la acción de juego, es la táctica a través de los principios establecidos en el modelo de juego por el DT.

Ejemplo dos:
Un jugador se halla alejado de la posición del balón pegado a la banda como extremo, cuando recibe el balón en profundidad, se encuentra —uno contra uno— frente al defensor al que elude con una gambeta, pudiendo convertir el gol. En la acción encontramos inspiración y talento, pero nuevamente no se trata de una acción impensada y casual. Sucede en y por el contexto táctico que el DT ha buscado, por ejemplo, en los siguientes comportamientos o subprincipios de juego: el extremo correctamente posicionado sobre la banda en amplitud para la utilización del ancho total del terreno; alejamiento del ruido de la jugada buscando el duelo en solitario frente al defensor rival; desmarque de ruptura para buscar proximidad al arco y la mayor probabilidad de gol; entre otros. En la acción, el DT busca jugar en un escenario previsto, en el que requiere un jugador hábil, permitiéndole un espacio y una situación de duelo directo, en una zona peligrosa.

Decir que: "El arte del juego es la dinámica de lo impensado", sin tener en cuenta la táctica, sería inconcebible. Analicemos a Messi: en cualquier equipo del mundo brillaría y haría las cosas más fáciles, pero su mejor y más determinante versión, se encuentra cuando el comportamiento táctico del equipo le permite potenciarse en función del juego y de sus virtudes. Ningún equipo le permite al mejor jugador del mundo destacarse tanto como lo hace el Barcelona. Durante los muchos años que Messi lleva jugando en la Selección Argentina y mientras sigue siendo el mismo "extraterrestre", el equipo no siempre lo acompaña tácticamente de la mejor manera. El Barcelona le deja obtener réditos. El volumen ofensivo constante del equipo le permite no estar siempre marcado, puesto que los rivales están defendiendo el posicionamiento en zona o respondiendo por otros jugadores: táctica. El juego construido del equipo le permite constantemente estar en la elaboración del juego y tener una participación mucho más activa: táctica. La intención de recuperación del balón inmediata tras pérdida, le permite jugar en zonas de alto riesgo: táctica. No quiero decir que Messi piense sus jugadas, son impensadas, pero siempre suceden a partir de la lógica espacial con que su cerebro concibe de manera espontánea y natural el marco táctico del juego.

Veamos otro caso: a Xavi Hernández, exjugador de la Selección España y el Barcelona. Uno de los futbolistas más exquisitos, creativos y artísticos que ha pisado un campo de fútbol. Se le atribuye la representación máxima del juego pensado, inteligente, concebido en el circuito cerebro-pies y táctica, al entender perfectamente el juego. Todo lo contrario a lo que haría suponer la lógica de lo impensado.

Un periodista español, justifica que el juego asociativo y de posesión del Barcelona (en su momento), estuviera dado exclusivamente por la capacidad técnica de sus jugadores: "Oda extrema a la técnica, que permite el juego asociativo y de posesión"[4]. La posesión y el juego asociativo son recursos de jugadores de gran técnica, sin duda, pero son aspectos atribuibles a la dimensión táctica también. Si el DT, no facilita un contexto de juego en su modelo que permita el juego de posesión o construcción progresiva, sería imposible realizarlo por más técnica que tengan los jugadores. La situación se puede ver reflejada en algunos subprincipios como: triángulos posicionales; equipo corto; apoyos constantes; superioridad numérica por zonas; entre otros. Es cierto que el fútbol es principalmente de los jugadores, su naturaleza comportamental en el campo marca la dinámica del juego, son quienes deciden, pero cabe aclarar que es tarea del DT, diseñar el mapa donde cada uno interactúa respecto a sus condiciones, buscando no solo responder a una identidad de juego, sino al mayor rendimiento posible tanto individual como colectivo. Una "dirección de orquesta", donde el conjunto de interacciones del "qué, cuándo y dónde", refleje la idea de cada orientador. "No entiendo al jugador por sí solo.

Intento verlo dentro de un contexto general y del equipo"[5], Guardiola.

Un DT de primera división en Colombia manifiesta en una entrevista en eltiempo.com, al terminar la temporada deportiva: "No me ha gustado esta liga. No tiene ningún compromiso con el espectáculo, con el mejoramiento de nuestro fútbol. Es un torneo en el que reina el resultado [...] Esto atenta contra un fútbol más dinámico, alegre, que genere más espectáculo"[6]. ¿Acaso que "reine el resultado" va necesariamente en menoscabo del espectáculo? *El espectáculo que brinde un equipo es un asunto meramente táctico, está dictaminado por el modelo de juego del DT.* Ser vistoso, o no, tiene que ver en última instancia con los cómos, con las maneras con que un equipo se manifiesta en el campo. *El resultado debe ser la consecuencia, no el objetivo.* El Barcelona es uno de los equipos que más espectáculo brinda usualmente en el mundo, y la principal exigencia es el resultado. Lo importante es que su camino es el de un fútbol ofensivo, asociativo y elegante (variables que responden a la táctica). Se juega en función del cómo y el resultado llega por consecuencia de hacer las cosas de determinada manera en el terreno de juego. A un equipo de Guardiola, le importa tanto el resultado como a un equipo de Mourinho, y sin embargo, el primero juega en función de un fútbol espectáculo, y el segundo es a quien menos le importa levantar en aplausos al público de la tribuna. Es una cuestión de la identidad que cada DT tiene y la manera en que busca conseguir su resultado; en ningún momento está comprometido el espectáculo. ¿Pensar en el resultado implica dejar de ser "dinámico y alegre"? No. Son maneras, caminos diferentes para llegar a la victoria, algunos renunciando al espectáculo y otros enalteciéndolo.

Otra concepción equivocada, que se da con regularidad, es la de relacionar la táctica prioritariamente con el aspecto defensivo, con la falta de juego en ataque y la escasez de variantes ofensivas. Un comentario como: "Ese equipo es muy táctico", cuando se refiere a que es aplicado y ordenado defensivamente, es equivocado. La táctica es tan defensiva como ofensiva, se refiere a todos los comportamientos en el terreno de juego. Uno de los equipos más tácticos en la historia ha sido el Barcelona de Guardiola. Riquísimo ofensivamente: con alto volumen ofensivo; triángulos posicionales; extremos en amplitud; laterales con profundidad e interiorización; un plantel asociativo que jugaba con el concepto del tercer hombre; juego construido; interiores pisando el área rival; falso 9; y un medio centro fino que organizaba el equipo desde su salida. Riquísimo defensivamente: con transiciones a través de un marcaje directo, buscando la recuperación inmediata del balón; pressing en bloque alto en el momento defensivo, lo más alejado del arco propio. Vemos cómo la táctica cobija por igual los aspectos ofensivos y defensivos.

En la malinterpretación de la dependencia táctico-defensiva, se ha dicho también de manera errónea, que la liga italiana es la más táctica del mundo, haciendo alusión a que trabaja mucho en el aspecto defensivo, por encima de otras ligas. Bajo tal circunstancia, dice un exjugador argentino de Selección y amplia trayectoria: "El juego en Italia es muy táctico [defensivo], muy físico, poco vistoso [ofensivamente]"[7]. 1) No menciona en ningún momento la fase ofensiva al considerar el juego en Italia como muy táctico, y como ya establecimos, la táctica contiene ambas fases. 2) El hecho de que la liga sea física, nada tiene que ver con el aspecto táctico. 3) Es cierto que el juego ofensivo en Italia es poco vistoso, pero no está dado por "un juego muy táctico", totalmente al contrario, es por la falta de táctica ofensiva, que como consecuencia, ofrece variantes limitadas en ataque que reducen y coartan el espectáculo. (Con excepciones como la de Maurizio Sarri, DT del Napoli, quien ofreció un juego vistoso en ataque en la temporada 2017 de la liga de italiana). Por otro lado, no es que la liga italiana sea la más defensiva, o lo que más táctica defensiva tiene, sino es quizás, la liga que tiene un estilo defensivo más recurrente a través de los repliegues y la marcación en bloque bajo. Un equipo que quita la pelota en bloque alto —alejado de su propio arco— es tan defensivo como el que espera atrás, la diferencia está en la vistosidad, la estética de juego. Ambos utilizan formas diferentes en función de evitar el gol; uno en su propio campo, abajo, esperando, y el otro en el campo del rival, arriba, presionando. Una no es más defensiva que la otra, son simplemente diferentes en el cómo. Un equipo de Marcelo Bielsa recuperaría el balón en bloque alto con marcaje directo o pressing. Y un equipo de Claudio Ranieri, o de José Mourinho, recuperaría el balón en bloque bajo con un marcaje zonal. Lo que cambia es el cómo, en ningún momento indica que alguno sea más defensivo que el otro.

La página web oficial de la Bundesliga, dice en un artículo sobre el DT alemán, Jürgen Klopp: "Algunos DT son tan amantes del juego ofensivo que se olvidan de la táctica, poco les piden a sus jugadores en lo defensivo"[8]. Insisto, el juego ofensivo es tan táctico como el defensivo. Si un equipo tiene comportamientos ofensivos como, volumen, jugadores con profundidad, extremos que en el último tercio del campo pisan el área, interiores que llegan a gol... estaríamos hablando de acciones tácticas ofensivas. Lo cual no podría llevar a creer que "defender es lo táctico del juego". Se puede ser más defensivo o más ofensivo (cantidad de comportamientos contenidos en el modelo de juego); más débil o más fuerte defensiva u ofensivamente (calidad en los comportamientos contenidos en el modelo de juego), pero siempre en un contexto táctico dado igual para ambas fases.

"Se jugó con inteligencia [...] No había que desguarnecerse en defensa [...] Fue un partido muy táctico"[9], explica un DT uruguayo, exjugador. La táctica asociada únicamente con el juego defensivo de manera equívoca.

"Fue un partido táctico donde los dos equipos se respetaron y no hubo demasiadas situaciones de gol"[10], dice un futbolista profesional colombiano en el fútbol argentino, en alusión a la relación de la táctica con los pocos espacios defensivos. Nuevamente, ¿y la fase ofensiva dónde queda?

"Trataremos de plantear un partido táctico para contrarrestar la velocidad del rival"[11], sostiene un DT de la Selección de Paraguay. Otra vez, táctica en función del juego defensivo.

"El DT tiene que revisar si los jugadores lo necesitan para que le ayuden tácticamente [en defensa], y no ofensivamente y que desarrollen su fútbol"[12], declaración de un exfutbolista de la Selección Colombia. No solo vincula la táctica únicamente a la parte defensiva como en los ejemplos anteriores, también establece que ser táctico es opuesto a ofensivo, sugiere que es lo uno o lo otro, equivocadamente.

Comúnmente se repite: "Fue un partido muy táctico". Se entiende para quienes así lo afirman, que fue un partido de pocos espacios, donde ningún equipo arriesgó, pensaron demasiado y estuvieron parejos. ¡Al revés! Si aceptamos que fue un partido muy táctico, fue porque estuvo lleno de variables, posibilidades, diferentes comportamientos y riquezas en las diferentes acciones del partido. ¡Ojalá los partidos fueran más tácticos! La forma en que debería calificarse un partido donde ningún equipo arriesga o propone poco, es: "El partido fue muy pobre tácticamente", todo lo contrario a la frase popular. Un partido donde uno espera la movida del otro para determinar la suya, sería un partido estratégico, no uno táctico. Un partido de pocos espacios, sería un partido pensando más en lo defensivo que en lo ofensivo, no uno táctico. Un partido donde estuvieron parejos, sería un partido equilibrado, no uno táctico.

Un DT argentino de primera división del fútbol profesional colombiano declara: "Fue un partido muy táctico, fue un partido luchado, con poco fútbol y pocos espacios"[13]. ¿"Poco fútbol" le sugiere un partido "muy táctico"? Exactamente al revés, poco fútbol es poca táctica. Si "mucha táctica implica poco fútbol", ¿para qué los modelos de juego que contienen el comportamiento en el campo? ¿Por qué entonces no jugar al azar, a lo que salga? Y en ese orden de ideas, ¿por qué no jugar entonces sin DT? *La personalización de cada modelo de juego enriquece el jugar, establece un cómo que confiere identidad al equipo.* Lo que después de muchos años —independiente de los resultados que no siempre se obtienen— nos permite recordar, para bien o para mal, a qué juegan los equipos, cómo se comportan, cómo atacan, cómo defienden, es la huella inexorable de la táctica.

Cuando elogiamos la capacidad táctica de un DT, nos referimos a la riqueza en las variantes de comportamientos en sus equipos. ¿En qué momento se tergiversa el elogio en un comentario que alude al partido como "muy táctico" de manera negativa? Thomas Tuchel, Marcelo Bielsa, Juan Carlos Osorio, Jürgen Klopp, entre otros, tienen altas capacidades tácticas que hacen posibles partidos que nadie se quiere perder. "Muy táctico" solo puede tener una connotación positiva.

Dice el DT de un equipo de primera división mexicana en rueda de prensa pospartido: "Fue un partido muy táctico, no fue un partido vistoso"[14]. Utiliza el término, "muy táctico", para referirse a que ambos equipos respondieron según la movida del otro, lo que sería estratégico, no táctico. Y asocia la táctica con la falta de vistosidad. Si no fue vistoso, es porque los modelos de juego de ambos equipos no contienen comportamientos tácticos —al menos en el partido de referencia— que los hagan ser vistosos. Es una cuestión cualitativa del modelo de juego de cada entrenador.

"Hicimos un juego poco vistoso, táctico y pensando más en el resultado"[15], dice un DT colombiano, varias veces campeón. La táctica aquí se asocia a la falta de juego alegre y al interés único en el resultado —erróneamente—. Hemos dicho que la táctica hace referencia a un comportamiento, cualquiera que sea, ofensivo o defensivo, vistoso o no vistoso. Decir que por ser táctico se deja de ser vistoso, no solo es equivocado, es todo lo contrario: ser táctico podría implicar ser vistoso. Ser táctico equivale muchas veces a disponer de variantes de juego, riqueza comportamental y una extensa gama de cómos. Por otro lado, decir que por pensar únicamente en el resultado se dejó de ser vistoso, revela una concepción que tampoco es cierta; es decir que un equipo no puede ser vistoso y a la vez ganar, o que pensar en el resultado le impide jugar de manera vistosa. Equivocado.

Un DT extranjero en la liga colombiana, respecto a la victoria 1-0 contra su máximo rival, en rueda de prensa pospartido dice: "No podíamos jugar vistoso o con belleza porque era un clásico, porque había demasiado en juego, porque se jugaba por el honor, porque había demasiada adrenalina de por medio, porque el que perdía se quedaba por fuera, era un partido muy táctico"[16]. A partir de la cita, se infieren tres conclusiones equivocadas: 1) Solo se puede jugar vistoso cuando no hay nada en juego. 2) Ante la presión y otros factores solo se puede jugar de una manera antiestética. 3) Asociación de lo "no vistoso" con lo táctico. En la misma rueda de prensa menciona: "Es difícil en un partido muy táctico obtener un resultado abierto o con muchos goles"[17]. Sin embargo, un partido muy táctico no establece un encuentro cerrado o de pocos goles. Un partido muy táctico puede terminar cuatro a dos, y haber sido supremamente táctico. Una vez más: mucha táctica equivale a muchos comportamientos ejecutados, sinónimo de abundancia y variabilidad en las acciones, todo lo opuesto a lo que la cita del DT sugiere. Termina más adelante diciendo: "Fue un partido muy pensado, muy táctico"[18]. Un partido muy pensado no haría referencia a un partido muy táctico, haría referencia a uno muy estratégico. "Pensar" hace referencia a analizar, una acción enteramente estratégica. Claramente se confunde el significado de táctica y estrategia.

"El fútbol gaúcho de Brasil es más táctico [menos vistoso]"[19], comenta un reconocido periodista de Fox Sport Colombia. Ser táctico jamás implica dejar de ser vistoso.

Dice un DT uruguayo de primera división de su país, exfutbolista y mundialista: "Me imaginaba un partido muy táctico. A ellos les servía el empate, lo táctico iba a ser importante [...] Fue un partido parejo, muy táctico por los dos equipos, muy preocupados por el otro equipo"[20]. Las necesidades del equipo rival en la tabla son aspectos estratégicos, no tácticos. "Que un equipo se preocupe mucho por el otro", no habla de una mayor o menor cantidad de conceptos tácticos, habla de un equipo estratégico-dependiente.

"Creo que está bien el punto, porque fue un partido táctico"[21], asegura un DT argentino de primera división de su país, refiriéndose a la táctica como aspecto parejo del juego. La paridad no implica que un partido sea táctico o no lo sea. Un partido puede ser supremamente táctico y terminar tres a cero. La táctica nada tiene que ver con la igualdad.

"Hicimos un partido táctico muy importante ante grandes ausencias"[22], dice un jugador mundialista de la Selección Colombia, en referencia a un partido donde al no estar los titulares habituales, se vieron obligados a ser "muy tácticos". Se repite el patrón erróneo de considerar la táctica como algo que permite el orden y el control.

"La liga en Colombia se mueve entre lo táctico y el bajo nivel"[23], revela un periodista colombiano. Si la liga fuese tan táctica como él sugiere, el nivel no sería bajo. Recordemos que un alto contenido táctico corresponde a muchas variables en el campo de juego. El periodista da a entender que cuando hay tanta táctica de por medio, el nivel es bajo, y es todo lo contrario, mucha táctica = alto nivel de juego. La liga sí puede tener un nivel bajo como él menciona, pero no por la razón que está sugiriendo.

"De lo primero que se habla es de táctica y de equilibrio, hasta el día que se te ocurre preguntarte: ¿no le estaremos cortando la iniciativa al futbolista?"[24], apreciación de un exentrenador del FC Barcelona. Asocia equivocadamente la táctica con el equilibrio (defensivo), también señala que ser táctico implica restricción de iniciativa en el jugador, es al revés, la táctica puede enaltecer o ayudar a manifestar la iniciativa de un futbolista.

A lo largo del capítulo observamos como algo usual y de común entendimiento, el hecho de malinterpretar o ser imprecisos respecto a la táctica, incluso para muchos profesionalmente en el fútbol. La cantidad de ejemplos utilizados es proporcional al hecho de cuán arraigadas están las concepciones equivocadas. Es importante desmitificar conceptos errados y esclarecer el entendimiento táctico para proseguir en el camino de la comprensión profunda del juego.

La técnica está implícita en la táctica

Algunas metodologías de entrenamiento deportivo como la Periodización Táctica, establecen que la dimensión técnica se encuentra en la base de la dimensión táctica.

Todo elemento técnico del juego es un subsubprincipio táctico, justificado de la siguiente manera: un pase siempre es un elemento técnico, pero inmediatamente es utilizado en función de un determinado modelo de juego, se convierte en un elemento táctico. Veamos algunas acciones *técnicas* principales, que son comprendidas desde la *táctica*:

El pase: ¿Qué tan fuerte? ¿Hacia dónde? ¿Cuándo? ¿A quién? Todas las respuestas las brinda la táctica, tratándose de un elemento técnico.

El control: ¿Posicional? ¿Orientado? ¿En función de ataque o defensa? Todas las respuestas las brinda la táctica, tratándose de un elemento técnico.

La conducción: ¿Para avanzar? ¿Para eludir contrarios? ¿Para mover al rival? Todas las respuestas las brinda la táctica, tratándose de un elemento técnico.

El remate: ¿Desde dónde? ¿En qué momento? ¿Con oposición? Todas las respuestas las brinda la táctica, tratándose de un elemento técnico.

El regate: ¿En dónde? ¿Para qué? ¿Cuándo? Todas las respuestas las brinda la táctica, tratándose de un elemento técnico.

Por supuesto que todas las acciones anteriores son técnicas y se entienden como elementos analíticos; pero el juego no es analítico, es global, cada acción se da en un contexto espaciotemporal con oposición y múltiples variables en función del jugar, que hacen parte de la dimensión táctica del juego, por lo que debería concluirse que, la técnica se encuentra comprendida en la táctica, desde su raíz. Es un pensamiento holístico. Ahí la importancia de comprender el juego, de lo contrario, esa capacidad técnica que tiene el jugador se queda solo en eso (habilidad aislada), sin ser utilizada a favor y en beneficio de un contexto situacional para marcar realmente una diferencia.

Fútbol = táctica = cerebro

El fútbol tiene cuatro grandes dimensiones: la *táctica*, la *fisiológica* (comúnmente conocida como física), la *técnica* (implícita en la base de la táctica) y la *psicológica*. Inseparables, indivisibles, y por tanto, necesariamente concebibles como un todo. No obstante, en la planificación deportiva de un cuerpo técnico, debe existir siempre la necesidad de definir primero la dimensión *táctica* del equipo. Como si existiera una subordinación de las otras dimensiones a la táctica. Veamos por qué.

Dimensión fisiológica:
Sin saber a qué quiere jugar el equipo *(táctica)*, no se pueden considerar las necesidades fisiológicas. No es lo mismo un equipo que, en el momento ofensivo tiene juego construido y en el momento defensivo marcaje directo en bloque alto, que, un equipo cuyo momento ofensivo se da por juego directo y su momento defensivo a través del repliegue. ¿Cómo es el jugar de cada equipo? La respuesta dirá sobre los consumos y sistemas energéticos asociados a la calidad fisiológica que inciden en el entrenamiento, en función de cómo se quiere jugar. Hablar de "preparación física" como comúnmente se hace, no es preciso, es más exacto referirse a *preparación fisiológica*. De la misma manera, la "pretemporada" puede desaparecer y adoptarse la expresión, *adaptación fisiológica,* en función del modelo de juego particular de cada DT.

Dimensión técnica:
Sin saber a qué quiere jugar el equipo *(táctica)*, no se pueden considerar las necesidades técnicas. El comportamiento del equipo en el terreno nos dice qué tipo de jugadores se ajustan al

modelo de juego de cada DT. Así mismo, las correcciones técnicas y su perfeccionamiento, solo pueden realizarse condicionadas por la manera en que el DT quiere que juegue su equipo.

Dimensión psicológica:
Sin saber a qué quiere jugar el equipo *(táctica)*, no se pueden considerar las necesidades psicológicas. La dimensión psicológica no se refiere solo a lo motivacional, sino al trabajo mental en función específica del juego. Tiene que ver con la manera con que los jugadores perciben, interpretan y entienden el conjunto de acciones que se presentan en el juego, y por supuesto, la toma de decisiones.

A continuación, algunas preguntas y sus respectivas respuestas, que aclaran por qué la dimensión psicológica necesita conocer a qué juega el equipo (táctica) para definirse a sí misma:

¿Es un equipo ofensivo que marca muchos goles y debe jugar a conservar la ventaja a favor del marcador? Necesita *control*.

¿Es un equipo que no genera muchas opciones de gol porque ataca poco? Necesita *conciencia* sobre la efectividad.

¿Es un equipo diseñado para tener el balón en un juego controlado a través del dominio y posesión de balón? Necesita *paciencia*.

¿Es un equipo que defensivamente se posiciona en bloque bajo durante casi todo el partido? Necesita *fortaleza* mental.

¿Es un equipo que defensivamente realiza marcajes en bloque alto presionando al equipo rival? Necesita *agresividad* mental.

Como vemos, cualquier respuesta refleja una situación táctico-psicológica del equipo, que es necesaria conocer, para dar contenido al programa de preparación psicológica.

Concluimos de la táctica, respecto a las demás dimensiones:

"En los juegos deportivos colectivos, la dimensión táctica ocupa el núcleo de la estructura del rendimiento, por lo que la función principal de los demás factores, sean ellos de naturaleza técnica, física o psíquica, es la de cooperar en el sentido de facultar el acceso a desempeños tácticos de nivel cada vez más elevado"[25], Julio Garganta (profesor de ciencias del deporte en Oporto, pionero en las técnicas de scouting en el fútbol actual).

Si establecemos que la táctica es fundamental para definir a las otras dimensiones, no sería extraño considerarla la dimensión más importante del fútbol. "La táctica es el alma del fútbol"[26], Francisco Maturana.

De lo macro a lo micro... Fútbol = táctica = cerebro

fútbol
∨
táctica
∨
acción, tiempo, espacio
∨
qué, cuándo, dónde
∨
inteligencia de juego
∨
toma de decisiones
∨
desarrollo cognitivo
∨
cerebro

Desglosando el cuadro:
El *fútbol* se convierte en *táctica*, al ser la dimensión que más incidencia tiene en el juego. Táctica es *acción* sobre *tiempo y espacio*, aspectos que hacen referencia al *qué, cuándo y dónde*, resueltos por la *inteligencia de*

juego, que se traduce en una correcta *toma de decisiones* en el campo, gracias al *desarrollo cognitivo,* es decir, el *cerebro.*

La toma de decisiones en el campo de juego no se reduce únicamente a los automatismos que desarrolla el jugador durante su formación, a las sistematizaciones y repeticiones de conductas (que de hecho son muy difíciles de cambiar si no se trabajan desde temprano). *Comprender el juego es la clave.* Cuando el jugador desarrolla un sentido táctico y una lógica táctica de manera consciente, los procesos mentales mejoran permitiéndole tomar mejores decisiones en el terreno de juego. Dicha comprensión le permitirá reforzar los automatismos positivos e intentar reestructurar los negativos progresivamente.

"La velocidad del cerebro es más importante que la de las piernas […] Mi supervivencia en el terreno requiere la comprensión del juego antes de recibir la pelota, para saber qué tengo que hacer después con ella"[27], Xavi Hernández.

"El fútbol es el juego más sencillo del mundo: los pies solo tienen que obedecer a la cabeza"[28], Guardiola.

"Todos los entrenadores hablan sobre movimiento, sobre correr mucho. El fútbol es un juego que se juega con el cerebro. Debes estar en el lugar adecuado, en el momento adecuado, ni demasiado pronto ni demasiado tarde"[29], Johan Cruyff.

"Se puede dejar de correr, o dejar de entrar en juego durante largos minutos; lo único que no se puede dejar de hacer es de pensar"[30], César Luís Menotti.

"El valor táctico de un jugador reside en la capacidad para descifrar las informaciones que el juego va produciendo"[31], Laureano Ruiz (fundamental entrenador en la cultura del Barcelona).

"Todo jugador es un jugador con un plan. Para que éste se materialice y triunfe, el participante tiene que decodificar el comportamiento de los demás y codificar el suyo adecuadamente"[32], Pierre Parlebas (reconocido académico de la actividad física y el deporte).

"Mi equipo ideal es aquel en el que, en cualquier momento y en cualquier situación, todos los jugadores piensan de la misma manera"[33], José Mourinho.

"El 90% de los futbolistas no saben jugar. No tienen conocimiento del juego ni de los tiempos. No manejan los espacios ni resuelven los lugares de descanso"[34], César Luís Menotti.

"Aprendí a jugar al fútbol otra vez a los treinta años. Con Guardiola vi y entendí el juego de una manera diferente"[35], Thierry Henry.

"Me considero distinto como entrenador porque entreno para el cerebro. Entreno para que los futbolistas piensen, y esto es más difícil"[36], Louis Van Gaal.

"Considero que en un equipo es muy importante el talento, pero más importante es la comprensión […] Los que estuvimos bajo las órdenes de Pep notamos que hubo un antes y un después en nosotros respecto al entendimiento del juego"[37], Gabriel Milito.

Entender el juego: la película

Un partido de fútbol es como una película: un espacio y un tiempo donde transcurren acciones. Con sus puntos de inflexión y situaciones de giro, conforma escenas de juego que como en la narrativa, suponen inicio, nudo y final.

En el fútbol, el **espacio** se refiere a las *zonas* del campo, el **tiempo** a los *momentos*, y la **acción** a los *principios de juego*.

Espacio:
Generalmente se diferencian tres zonas o bloques del campo en el juego (separados a lo ancho): zona de inicio, zona de elaboración y zona de finalización. Tal concepción, no es apta para definir el espacio del terreno, se presta para imprecisiones en la interpretación y el desarrollo del juego dado que no siempre sucede en tales espacios lo que señalan sus nombres. Por ejemplo: un equipo que inicia su juego constantemente en la mitad del campo o zona más alta, (porque realiza recuperaciones más adelantadas), no tendría su zona de inicio en el primer bloque, sino en el segundo o incluso en el tercero. Un equipo que realice constantemente remates de media y larga distancia, estaría utilizando como zona de finalización el segundo bloque y no el más adelantado.

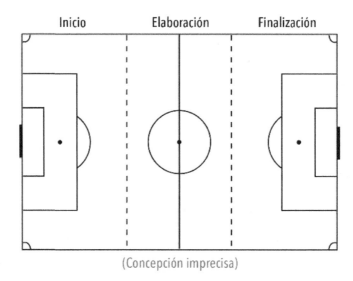

(Concepción imprecisa)

También hay quienes llaman los espacios: tercio defensivo, tercio medio y tercio ofensivo; nuevamente equivocado. El tercio defensivo no está siendo defensivo cuando tenemos el balón, y el tercio ofensivo no está siendo ofensivo cuando estamos sin balón defendiendo ese espacio.

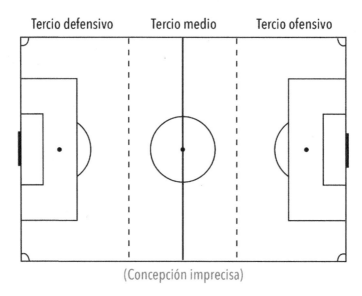

(Concepción imprecisa)

Solucionamos el problema facilmente: bloque bajo, medio y alto; o, bloque 1, 2 y 3. Como prefiramos.

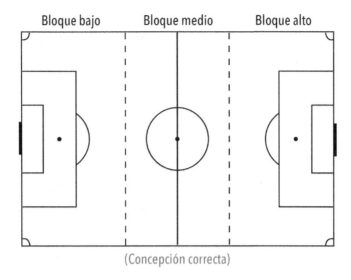

(Concepción correcta)

También se puede dividir el campo a lo largo en carriles: los laterales (costados) y el central. Los carriles laterales pueden ser divididos más hacia adentro, buscando que sean casi o igual de anchos que el carril central.

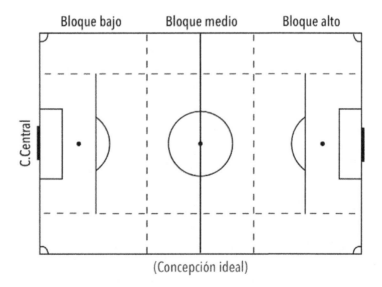

(Concepción ideal)

Existen particiones mucho más pequeñas del campo. La sectorización del terreno se da por el abordaje que hace cada DT o equipo en su análisis y la manera en que se asimila el juego. Por ejemplo, en Inglaterra acostumbran a dividir el campo en 18 zonas.

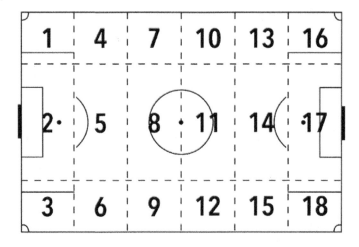

Observemos la división que utiliza Guardiola. Prioriza espacios que necesita demarcar para su modelo de juego; la incidencia que tienen sus interiores que profundizan, laterales que interiorizan, otras posiciones con sus respectivas tareas en el terreno y la cantidad máxima de jugadores por espacio horizontal-vertical.

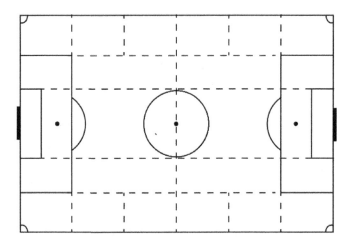

Tiempo:
El tiempo en el juego lo representamos como los momentos que componen el desarrollo del partido. Normalmente suceden de manera cíclica y progresiva por corta que sea la duración de cada uno de ellos. (Iniciamos sin algún orden en particular):

Transición con balón: momento inmediato en que el equipo recupera el balón. Normalmente se concibe como "transición ofensiva", pero el término es impreciso, pues indicaría que siempre es ofensivo apenas recupera el balón, y no se puede decir que siempre es así.

Momento con balón: momento organizado en el que el equipo mantiene el balón en su poder. Normalmente se concibe como "momento ofensivo", pero el término es impreciso, pues indicaría que siempre es ofensivo mientras tiene el balón en su poder, y no se puede decir que siempre es así.

Transición sin balón: momento inmediato en que el equipo pierde el balón. Normalmente se concibe como "transición defensiva", pero el término es impreciso, pues indicaría que siempre es defensivo apenas pierde el balón, y no se puede decir que siempre es así.

Momento sin balón: momento organizado en que el equipo no se encuentra con el balón en su poder. Normalmente se concibe como "momento defensivo", pero el término es impreciso, pues indicaría que siempre es defensivo mientras no tiene el balón en su poder, y no se puede decir que siempre es así.

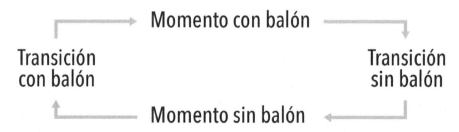

Acción:
Hace referencia a todos los comportamientos tácticos (ofensivos y defensivos) del equipo dentro del terreno de juego, concebidos como *principios, subprincipios y subsubprincipios.*

Principios de juego: comportamientos tácticos grandes y densos. Están compuestos por otras acciones tácticas que los hacen posibles. Existen muchas divisiones y categorizaciones de los principios de juego, a veces con el mismo significado, pero con otra denominación, dependiendo del abordaje metodológico. Algunos de ellos: generales, específicos, fundamentales, operacionales. También se pueden personalizar y crear a criterio del DT —manera más apropiada—. Entre más auténticos, más cerca estará el DT de lograr lo que quiere con el equipo en el campo. Ejemplos: amplitud; penetración; movilidad; anticipación; equilibrio; retardación.

Subprincipios de juego: comportamientos tácticos medianos que componen a los principios grandes. La suma de varios subprincipios hace posible un principio grande. Así como los principios, los subprincipios también existen estandarizados o universales y los personalizados por cada DT según su idea de juego. Ejemplos: desmarques de apoyo; equipo corto; triángulos posicionales; tercer hombre; interiores finalizando en área rival.

Subsubprincipios de juego: comportamientos tácticos o técnicos más pequeños que sostienen y hacen realizables los subprincipios. Son la base de los demás comportamientos tácticos. También existen estandarizados o universales y personalizados por el DT. Ejemplos: jugar a ras de piso; ajustes posturales; orientaciones; controles; remates.

Veamos un ejemplo de cómo se relaciona un principio con sus subprincipios y subsubprincipios, en un modelo de juego.

Principio:
- Juego construido.

Subprincipios:
- Apoyos cercanos.
- Siempre aparecen dos posibles receptores.
- Equipo corto.
- Pases que busquen superar la siguiente línea rival.

Subsubprincipios:
- Pases fuertes y a ras de piso.
- Postura o perfilación adecuada para recibir el balón en función de avanzar.

Es observable una jerarquización de arriba hacia abajo, dada por la densidad de los comportamientos tácticos. Los subsubprincipios permiten la realización de los subprincipios, y estos a su vez, la realización del principio.

No clasificar la táctica por el *tipo* de acción sino por la *complejidad* de acción

La clasificación de la táctica tradicional (*tipo* de acciones y cuántos jugadores interactúan o participan en dichas acciones) sugiere una partición que "facilita" la asimilación del juego. Al fraccionarlo se le puede entender por partes, supone algo más fácil que entenderlo en conjunto, sin embargo, la fragmentación desnaturaliza la comprensión del juego, que de principio es un todo.

Otra manera de entender y clasificar la táctica es desde la necesidad directa del juego… su planificación, la adaptación en competencia, incluso, atender las necesidades complejas del fútbol desde la metodología del entrenamiento, como lo hace, por ejemplo, la Periodización Táctica. Priorizando la *complejidad* de la acción en términos de la dificultad, el jugador asimila las condiciones reales de juego que le permiten responder a variantes de cantidad y calidad en el desempeño táctico constante.

Veamos en qué consisten ambas clasificaciones:

Clasificación tradicional según *tipo* de acción (en recopilación generalizada):
- Individual (un jugador).
- Colectiva o grupal (dos compañeros o más, sin llegar a los once).
- Posicional (posiciones).
- Equipo (once).
- Típica (tipo o estilo de juego).
- Estándar, fija o ABP (acciones a balón parado).

Clasificación según *complejidad* de acción:
- Principios de juego.
- Subprincipios de juego.
- Subsubprincipios de juego.

Conceptos de juego

El fútbol dispone de varios conceptos de juego. La suma de ellos —todos o algunos— influye en la construcción del modelo de juego de cada DT (aspecto que se encuentra en el núcleo del diagrama). En ocasiones se toman distintos conceptos para hacer adaptaciones. En otras, se define el modelo con un concepto nuevo que incluye otras variables.

Consideramos la concepción dada por Xavier Tamarit[38], como punto de partida en la construcción del modelo de juego. La división del esquema propuesto a continuación y su explicación, son añadidas y restablecidas en muchos puntos.

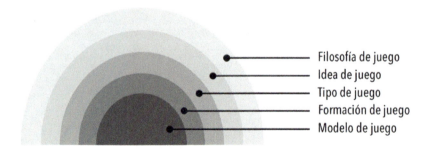

Filosofía de juego: algunos equipos tienen una identidad particular que los caracteriza a través de aspectos culturales, sucesos experimentados e historia. Por ejemplo, la Selección Brasil, por un juego alegre, vistoso, ofensivo. La Selección Uruguay, por un juego fuerte, luchado, con "garra", aéreo. Barcelona, por un juego asociativo, de posesión y control. La mayoría de los Clubes argentinos, por dar priorización defensiva y enfatizar en el esfuerzo, principalmente en función de correr. Son aspectos ambiguos y muy generales, pero generan identidad, una huella arraigada. Cabe resaltar que no son aspectos absolutos, generalmente se asocian y refieren a la identidad que se ha moldeado a través del tiempo. Cuando se trata de los DT, la filosofía hace referencia más a una percepción que responde a reflexiones o razonamientos que los identifica con una determinada postura. Por ejemplo, Simeone, por una filosofía donde la postura o premisa es ganar como sea. Bielsa, por una filosofía que pretende jamás renunciar al juego ofensivo. Guardiola, por una filosofía que busca generar espectáculo y a través de este la obtención de resultados.

Idea de juego: los DT, de manera general (aunque más específico y delimitado que la filosofía), tienen una visión sobre los cómos en el juego, necesariamente relacionados con el gusto y la afinidad —la manera en que sienten el juego—. Por ejemplo, buscar siempre jugar a ras de piso. No negociar la posesión de balón. Intentar siempre ser el equipo protagonista. Priorizar la recuperación inmediata de balón.

Tipo o estilo de juego: los DT, de manera específica, tienen uno o varios estilos de juego ofensivos y defensivos que los caracteriza y diferencia. Para definir el estilo de juego, normalmente se tienen en cuenta los jugadores (sus características y sinergias), las necesidades y objetivos del equipo.

Tipos de juego ofensivos:
- Juego construido (combinativo o de posesión): progresión a través de la posesión del balón, interactuando y apoyando línea por línea. Existe una importante circulación de balón y se dan secuencias largas de pases. El tiempo en llegar al arco contrario es irrelevante. La paciencia es clave. Equipo corto. Constantes desmarques de apoyo. La ruptura, normalmente, solo llega sobre la última línea del rival.
- Juego rápido y fluido: avance continuo del juego a través de una construcción más dinámica. Alterna los desmarques de apoyo y de ruptura constantemente en función de una progresión fluida. Equipo relativamente corto.

- Juego directo: lanzamientos de balón de trazo largo desde el bloque bajo hasta el bloque alto. Avanzar aprovechando el juego aéreo al espacio vacío o en apoyo con jugadores que pivoteen a quienes acompañan. Son importantes los segundos balones tras el lanzamiento (rebotes). Equipo largo.

- Juego de contraataque: avance veloz a través de desmarques de ruptura buscando un juego profundo. Normalmente el posicionamiento del equipo está en bloque bajo o medio para poder tener espacio de contraatacar. Entre menos tiempo se emplea para llegar al arco contrario, mejor. Equipo largo.

- Juego de cambios de orientación: lanzamientos de balón de trazo medio y largo horizontalmente. Busca sorprender al rival sobre el sector que intenta recostar el juego a través de basculaciones tardías del oponente que generen duelos individuales.

- Juego de posición: concepción del terreno que prioriza racionalizar los espacios de manera homogénea en la distribución de sus jugadores. Busca posicionar a los jugadores del equipo a diferentes alturas para generar muchas líneas de pase y poder construir el juego con muchísima facilidad. El posicionamiento debe ser entre líneas del equipo rival. Quien logra desarrollar el juego de posición, puede desarrollar el juego construido o de posesión; es una consecuencia, mas no se deben confundir, no son lo mismo. (El juego de posición contiene muchos conceptos o subprincipios que serán explicados más adelante).

Tipos de juego defensivos:
En el marcaje, a nivel individual (solo un jugador):
- Al jugador o al hombre: marcarlo a donde quiera que vaya.

- Zonal: a través de una formación como posicionamiento y en referencia del balón, cada jugador defiende una zona y marca a quien ingrese en ella.
- Mixto: a partir del marcaje zonal, cuando el jugador atacante sale de la zona del defensor, este lo sigue persiguiendo hasta que termine la jugada o se recupere el balón. (Mezcla de marcaje zonal y al jugador).

En el marcaje, a nivel colectivo (grupo de jugadores o equipo):
- Al jugador o al hombre: como equipo, inutilizado prácticamente. Bielsa ocasionalmente lo ha realizado con algunas posiciones del campo. Es muy complicado que cada jugador del equipo responda por un jugador rival en un emparejamiento constante. Individualmente o por posiciones específicas, sí se podría efectuar.
- Zonal: es el más utilizado colectivamente. Todo el equipo responde con un posicionamiento por un espacio que es flexible, los rivales que ingresen en cada zona son responsabilidad de quienes están situados ahí.
- Mixto: también se utiliza bastante a nivel colectivo. Se da, prioritariamente en acciones a balón parado y transiciones sin balón.
- Pressing: presión colectiva al rival en determinada zona del campo en base a un posicionamiento (formación). Se compone de varias subtareas que se llevan a cabo simultáneamente (orientaciones, vigilancias, hostigamientos, entre otras). Contiene implícitamente marcajes al jugador, zonales y mixtos.
- Directo: presión colectiva al rival en el lugar donde se pierde el balón sin importar el posicionamiento (formación). Por ejemplo, el medio centro terminó la jugada sobre el carril lateral, en el momento de perder el balón, él no se preocupa por regresar a su posición de medio centro, sino que ejerce una presión en ese espacio que está ocupando para marcar al poseedor del balón o a un posible receptor. Normalmente solo se da en la transición

sin balón. Contiene implícitamente marcajes al hombre, zonales y mixtos.

- Combinado: dos, o más tipos de marcajes que realiza el equipo (sin importar cuáles sean). Por ejemplo, todo el equipo está realizando un marcaje zonal, pero determinado jugador, marca únicamente a Messi. Ahí tendríamos un marcaje combinado (compuesto de marcaje zonal y al jugador).

En el repliegue:
- Bloque bajo.
- Bloque medio.
- Bloque alto.
- Sin repliegue.

(El repliegue puede ser parcial: algunas líneas, o total: todo el equipo).

Aclaración:

Marcajes	
A nivel individual (solo un jugador)	**A nivel colectivo** (grupo de jugadores o equipo)
• Al jugador o al hombre • Zonal • Mixto	• Al jugador o al hombre • Zonal • Mixto • Pressing • Directo • Combinado

(El marcaje pressing y directo no pueden realizarse a nivel individual, porque solamente a nivel colectivo son ejecutables. El marcaje combinado solo puede realizarse a nivel colectivo, porque establece dos o más tipos de marcaje en el equipo y no de manera individual).

Formación de juego: es el esquema, estructura o posicionamiento del equipo en el campo. "Es el número telefónico"[39], Juan Pablo Varsky. 1-4-3-3, 1-3-5-2, 1-4-4-2, o cualquier otro. No siempre es el mismo durante todo el partido, en ocasiones se utiliza uno para atacar y otro para defender, y en otras oportunidades incluso se cambia más veces en cada fase, estratégicamente. La formación es solo el punto de inicio, su transformación durante el partido es constante debido a que el cumplimiento de las tareas propias del modelo de juego, demanda un comportamiento de los jugadores, haciendo flexible el posicionamiento a través de un desorden ordenado (plasticidad posicional). La consecuencia de esto es el "caos" para el rival, a quien se le complejiza comprender los diferentes comportamientos del oponente y termina tomando una decisión equivocada o no tomando ninguna decisión del todo, permitiéndole al adversario sacar ventaja de ello. Algunos ejemplos: ascensos y descensos de jugadores, interiorizaciones y amplitudes invertidas entre laterales y extremos, falso 9. La formación de juego es normalmente llamada, "sistema de juego", termino inapropiado. Un sistema indica un conjunto de relaciones, sinergias y comportamientos (pareciéndose más a un modelo de juego), y la formación de juego, únicamente es el posicionamiento en el campo como ya lo hemos dicho. Un sistema 1-4-4-2 de un DT, jamás será igual a un sistema 1-4-4-2 de otro DT, como formación únicamente, sí. No podemos generalizar sistemas de juego, pero sí podemos generalizar formaciones de juego (al referirnos únicamente al posicionamiento sin movimientos).

Modelo de juego: son los comportamientos espaciotemporales propios del DT en su equipo, considerando la oposición. Es importante resaltar nuevamente que, el modelo de juego es establecido por cada DT de manera auténtica, y normalmente es la consecuencia de tener en cuenta los diferentes conceptos de juego mencionados durante el capítulo. (La definición más precisa de modelo de juego está en el capítulo siguiente).

El modelo de juego

El modelo de juego es un producto de cada DT que define los comportamientos del equipo en el campo. Es una construcción conceptual que integra: filosofía + idea + tipo + formación. El modelo no debe ser ambiguo, debe ser literal al describir detalladamente el jugar del equipo.

En muchos casos el modelo surge sin influencia del entorno. ¿Hasta qué punto un DT está dispuesto a que algunos conceptos de juego condicionen su identidad, su concepción y la forma en que siente y ve el fútbol? Un DT se adapta al lugar donde se encuentra trabajando, aunque otros creen que el lugar debe adaptarse a ellos. Guardiola, por ejemplo, repitió su modelo de juego en tres países, tres ligas top del mundo. Desde luego, varió aspectos puntuales respecto a los cómos y los contextos por los diferentes jugadores que tenía en cada uno de los equipos, pero sin negociar principios inamovibles, de convicción pura, como la recuperación inmediata del balón, el juego construido y el volumen ofensivo. Tras su paso por Barcelona, agregó mejoras en Alemania: centros, remates, cambios de orientación y una construcción más dinámica de juego. En Inglaterra perfeccionó el desborde de los extremos, modificó los centros para que fuesen a ras de piso, agregó verticalidad, mayor fluidez y transiciones más rápidas cuando los espacios se dan para jugar en ruptura por la naturaleza de los jugadores del equipo, pero todo esto sin abandonar dos principios absolutos: pressing alto con recuperaciones inmediatas tras pérdida y el control del partido a través del juego de posición, que como consecuencia ofrece la posesión de balón.

Aclaremos: los principios de juego no deben cambiar, son innegociables en el modelo de juego de cada DT. Lo que sí puede y está bien que cambie, son los subprincipios, modificados en función del rival y la personalización de cada juego. De hecho, es el punto más fuerte de Guardiola: ajustes estratégicos respecto al oponente, reflejados tácticamente a través de los subprincipios, pero sin cambiar la identidad de su equipo, es decir, los principios grandes. Por ejemplo: la construcción de juego es un principio, y sin alterarlo, pueden cambiar sus subprincipios, como el posicionamiento de algunos jugadores; la manera de encontrar los espacios; la forma de atraer al rival para conseguir el jugador libre; así como también la formación, que de hecho varía con frecuencia durante el mismo partido.

Cada DT —normalmente— tiene una identidad por la que los Clubes o Selecciones se interesan en él. Si un Club pretende jugar de determinada manera, es importante que busque un DT con ese perfil y no uno que se vea forzado a cambiar su identidad o con el cual estén insatisfechos por lo que plasma en el campo (ya sea porque así lo quiere voluntariamente o porque no sabe plasmar lo que el Club desea). Barcelona por ejemplo, contrató a Ernesto Valverde (2017) y padeció varios años un DT que no logró reflejar en el campo la filosofía e ideales del Club. Los Clubes y DT que no tienen definida una manera de ver y ejecutar el juego, ¿podrían moldearse tácticamente a cualquier postura? El dilema es: ¿pueden desarrollar un fútbol en el que no creen o que no los identifica? O más a fondo, si no creen en ningún tipo de fútbol en particular, ¿con base a qué construyen el modelo? Aparecerían constantemente contradicciones en el jugar, conceptos ambiguos y arrebatos tácticos sin base alguna. En otras palabras, equipos que terminan no jugando a nada. Hay DT así, totalmente confundidos, sin identidad, o la tienen y no son conscientes de ella, no saben con claridad qué les gusta, y luego entonces la imposibilidad de transmitir cualquier idea a sus jugadores para lograr ejecutarla en el terreno de juego. Hay otros que sí saben qué les gusta, pero no son capaces de llevarlo a cabo, no logran plasmarlo en sus equipos, y entonces mezclan el fútbol que en teoría sí saben llevar a cabo, pero no es aquel que les apasiona, por tanto, ni lo uno ni lo otro; caos total.

Los modelos de juego necesitan ser activos, no reactivos. Lastimosamente, con normalidad, el comportamiento de un equipo se da en función del resultado y la dinámica de juego. Si el equipo convierte un gol, adquiere una postura de ventaja que conlleva un comportamiento más defensivo que lo lleva a renunciar al protagonismo ofensivo. Si el equipo recibe un gol, inmediatamente asume una postura más ofensiva, determinada a igualar el encuentro. No debe ser así. Un equipo debe creer en sus formas, en sus cómos. Pueden y deben existir cambios o ajustes en función del rival personalizando el partido, pero sin alterar la identidad y el modelo general del equipo. Si se juega en función de la necesidad, los resultados serán muy pobres, no se crean automatismos de comportamiento y tampoco se logra establecer una credibilidad de los jugadores respecto a la idea del DT.

¿Si no pudiésemos ver el uniforme de los dos equipos enfrentados, sabríamos quién es quién según el comportamiento de cada uno en el terreno? Idealmente sí, realmente no. Son pocos los equipos en el mundo capaces de comportarse casi siempre igual (principios grandes), sin que los afecten significativamente aspectos del juego, el rival, el resultado, la plaza, el clima.

Existen en el mundo quizás únicamente cinco equipos con filosofías de juego definidas. No quiere decir que logren siempre jugar así, pero con regularidad lo intentan, así fallen de vez en cuando. Barcelona puede ir ganando, empatando o perdiendo y su comportamiento ofensivo, asociativo, protagónico y de control, normalmente es regular. Real Madrid, sin importar el rival y/o la competición, intenta ser ofensivo, arrollador. En el mismo orden de ideas actúan Bayern Múnich, la Selección Brasil y la Selección Alemania, con filosofías claras y definidas. Sin embargo, claro está, que esos comportamientos no los determina el equipo (Club o Selección), los determina su DT. Es la razón por la cual algunas instituciones buscan cierto tipo de perfil en el DT, para que corresponda con los ideales y objetivos filosóficos que están buscando. A fin de cuentas, quien establece el jugar del equipo es su DT. La Selección Argentina, aunque creeríamos que entra en la misma categoría de los equipos mencionados, es un conjunto que ha perdido identidad. Han pasado variedad de DT con formas distintas de ver el juego y de jugar, algunas ofensivas, otras defensivas, algunas priorizando el resultado sin importar el cómo y otras solo aludiendo a la lucha y la entrega; completamente distantes, sin una línea a seguir. Argentina se alejó de lo que la identificaba en el jugar; lo único que hoy la diferencia mundialmente es su uniforme, y claro, que cuenta con el mejor jugador del mundo. "Hace mucho tiempo que Argentina perdió la identidad futbolística"[40], Ángel Cappa.

Intentemos esclarecer la definición puntual de modelo de juego. ¿De dónde viene? Regresemos a la definición puntual de táctica como punto de partida:

Táctica: comportamientos individuales y colectivos del equipo en cada uno de los diferentes momentos y zonas del juego, considerando la oposición.

Cuando un DT especifica qué comportamientos tácticos elige para su propio equipo, deja de ser táctica en general y se convierte en su modelo de juego.

Así que:

Modelo de juego: comportamientos individuales y colectivos propios del DT en su equipo, en cada uno de los diferentes momentos y zonas del juego, considerando la oposición.

Al profundizar:

Modelo de juego: conjunto de principios, subprincipios y subsubprincipios tácticos propios del DT en su equipo, en cada uno de los cuatro momentos y las tres zonas del juego determinando detalladamente el jugar, considerando la oposición.

- Los principios, subprincipios y subsubprincipios de juego responden al *qué* (acción).
- Los 4 momentos de juego responden al *cuándo* (tiempo).
- Las 3 zonas de juego responden al *dónde* (espacio).

Resumiendo:

Qué (acción):
- Principios de juego.
- Subprincipios de juego.
- Subsubprincipios de juego.

Cuándo (tiempo):
- Momento con balón.
- Transición sin balón.
- Momento sin balón.
- Transición con balón.

Dónde (espacio):
- Bloqueo bajo.
- Bloqueo medio.
- Bloqueo alto.

Puede reconocerse un modelo de juego cuando el equipo actúa de manera recurrente y sostenida en diferentes escenarios y situaciones, cuando aparecen patrones en el comportamiento del equipo y se reproducen operativamente de manera natural.

Formatos/herramientas para el modelo de juego

Para crear y desarrollar un modelo de juego
(Formato/herramienta que permite crear y desarrollar detalladamente un modelo de juego)

TRANSICIÓN CON BALÓN			
BLOQUE BAJO	**BLOQUE MEDIO**	**BLOQUE ALTO**	
PRI	PRI	PRI	
SUB	SUB	SUB	
SUBSUB	SUBSUB	SUBSUB	

MOMENTO CON BALÓN			
BLOQUE ALTO	PRI	SUB	SUBSUB
BLOQUE MEDIO	PRI	SUB	SUBSUB
BLOQUE BAJO	PRI	SUB	SUBSUB

TRANSICIÓN SIN BALÓN	BLOQUE ALTO	PRI					
				SUB			
						SUBSUB	
	BLOQUE MEDIO	PRI					
				SUB			
						SUBSUB	
	BLOQUE BAJO	PRI					
				SUB			
						SUBSUB	

MOMENTO SIN BALÓN	BLOQUE ALTO	PRI		SUB		SUBSUB	
	BLOQUE MEDIO	PRI		SUB		SUBSUB	
	BLOQUE BAJO	PRI		SUB		SUBSUB	

Para analizar un modelo de juego
(Formato/herramienta que permite analizar aspectos principales de un modelo de juego)

TRANSICIÓN CON BALÓN			MOMENTO CON BALÓN			TRANSICIÓN SIN BALÓN			MOMENTO SIN BALÓN		
BLOQUE BAJO	BLOQUE MEDIO	BLOQUE ALTO	BLOQUE BAJO	BLOQUE MEDIO	BLOQUE ALTO	BLOQUE BAJO	BLOQUE MEDIO	BLOQUE ALTO	BLOQUE BAJO	BLOQUE MEDIO	BLOQUE ALTO
PRI	PRI	PRI	PRI	PRI	PRI	PRI	PRI	PRI	PRI	PRI	PRI
SUB	SUB	SUB	SUB	SUB	SUB	SUB	SUB	SUB	SUB	SUB	SUB
SUBSUB	SUBSUB	SUBSUB	SUBSUB	SUBSUB	SUBSUB	SUBSUB	SUBSUB	SUBSUB	SUBSUB	SUBSUB	SUBSUB

Roles del DT

La complejidad y especificidad del juego le demanda a los DT conocimiento en diferentes áreas. Hablemos de los roles, intercambiables y con posibilidad de que una sola persona cumpla algunos o todos ellos.

Director técnico: se para en la raya el día del partido y dirige, corrige, cambia, direcciona, conduce, organiza y maneja todos los hilos del equipo. Impone su MDJ sobre el del rival en competencia.

Entrenador: prepara y mejora al jugador, encuentra y logra desarrollar su mejor versión en función del equipo (máximo potencial). Planifica y trabaja el entrenamiento deportivo teniendo en cuenta, aspectos metodológicos, contenidos técnicos, tácticos, fisiológicos, psicológicos, en función de la pedagogía y la didáctica para llegarle al jugador y al equipo. Hace todo en función del modelo de juego que quiere ejecutar (entrena el juego).

Formador: encargado del crecimiento de los jugadores, del desarrollo personal y profesional. Vinculado prioritariamente a edades infantiles y juveniles, pero también a jugadores adultos (jamás se deja de aprender). Es un forjador de valores y principios en la conducta humana.

Mánager: responde por la cohesión y el funcionamiento del grupo como equipo (sinergia), manteniendo el equilibrio en todas las variables. Autoridad respetada por credibilidad y no impuesta por norma. Genera confianza naturalmente. Tiene carisma y es un líder nato. En algunos países de Europa el mánager también tiene el poder y la autoridad para gestionar todo el funcionamiento del Club.

Seleccionador: descubre, diferencia, separa y selecciona el talento. También escoge los jugadores más aptos para determinado plan, ya sea el equipo inicialista o la convocatoria en un Club o Selección. Tiene facilidad de ver muchas cosas con muy poco.

Táctico (ofensivo y defensivo): especialista en el comportamiento de juego y sus causalidades, interviene en las interacciones entre los jugadores y la construcción del modelo de juego. Tiene un repertorio importante de acciones que determinan fundamentalmente el jugar de su propio equipo.

Estratega (ofensivo y defensivo): encargado de la planificación; la gestión y la dirección de factores externos al juego; tanto como de la planeación y la decisión de factores internos del juego. Diseña caminos y establece cambios o varianzas en la competencia. Reconoce y anticipa situaciones y decide respecto a ellas, con el objetivo de aprovechar las fortalezas y debilidades de sus dirigidos y de quienes enfrenta. La lectura del juego y su comprensión es fundamental.

Damos a continuación en el cuadro, un ejemplo de las características predominantes de algunos DT —sin ser algo absoluto—. Los roles seleccionados no suponen hacerlo necesariamente bien o con éxito, simplemente que es una área destacada y protagónica en su gestión. El que no aparezca seleccionado un rol en uno de los DT, no quiere decir que no lo haga, simplemente que no es un aspecto predominante. Los DT pueden tener personas encargadas para esos roles cuando ellos directamente no los hacen.

	DT	E	F	M	S	TO	TD	EO	ED
Marcelo Bielsa	●	●	●	○	●	●	●	●	●
Alex Ferguson	●	○	●	●	○	○	○	○	○
Arsène Wenger	●	○	●	●	○	●	○	○	○
Juan Carlos Osorio	●	●	○	●	●	●	●	●	●
Zinedine Zidane	●	○	○	●	○	●	●	○	○
Diego Simeone	●	●	○	●	○	○	●	○	●
José Mourinho	●	●	○	●	●	○	●	●	●
Reinaldo Rueda	●	●	●	●	●	○	○	○	○
Thomas Tuchel	●	●	○	○	○	●	○	●	○
Carlo Ancelotti	●	○	●	●	○	●	○	○	○
Josep Guardiola	●	●	●	●	○	●	●	●	●
Jürgen Klopp	●	●	○	●	○	●	●	●	○
Vicente del Bosque	●	○	●	●	●	○	○	○	○
Maurizio Sarri	●	●	●	●	●	●	●	○	○

El círculo con relleno oscuro indica que es un aspecto predominante. El círculo con relleno claro indica que no es un aspecto predominante. DT: director técnico. E: entrenador. F: formador. M: mánager. S: seleccionador. TO: táctico ofensivo. TD: táctico defensivo. EO: estratega ofensivo. ED: estratega defensivo.

La calidad del cumplimiento de todos los roles mencionados, permitirá (con mayor o menor eficiencia), lograr el fin máximo de cada DT en competencia: controlar y reducir la brecha de imprevisibilidad, fortuna y azar que trae el juego.

Plasticidad posicional

El cumplimiento de tareas tácticas complejas nos lleva a un desorden ordenado que le da al juego dinámica y flexibilidad. No me refiero a las permutas por las que un jugador ocupa el puesto del otro. Me refiero a los múltiples subprincipios de juego, que ejecutados por los jugadores desfiguran la formación inicial del planteamiento, tanto para atacar como para defender. Es por lo que una formación de juego: 1-4-4-2, 1-3-5-1-1, como ejemplo, pasa a un segundo plano, pierde importancia. Lo relevante son los comportamientos y el cumplimiento de las tareas (principios y subprincipios) del modelo de juego, así la concepción de la formación y el posicionamiento en el campo resultan flexibles. La plasticidad posicional gobierna.

Es equivocado decir que una formación determina cierto comportamiento en un equipo, que un 1-4-5-1 puede ser más ofensivo que un 1-3-5-2. Dos formaciones iguales pueden ser completamente opuestas en su accionar en el juego, por eso, intentar hacer cualquier análisis en función del posicionamiento inicial del equipo sin tener en cuenta el modelo, carece de sentido. La formación siempre puede variar, incluso de manera estratégica, pero la intención, lo que constituye la identidad, no (al menos así debería ser).

"La formación puede negociarse, pero la idea no"[41], Arrigo Sacchi.

Veamos un ejemplo: una formación de juego 1-4-1-2-3 —línea de cuatro defensores, un medio centro, dos interiores y tres delanteros— sin ningún modelo de juego (comportamientos tácticos o tareas de los jugadores). La acción de juego se encuentra en el tiempo de *momento con balón* y en el espacio del *bloque medio*.

Diagramamos:

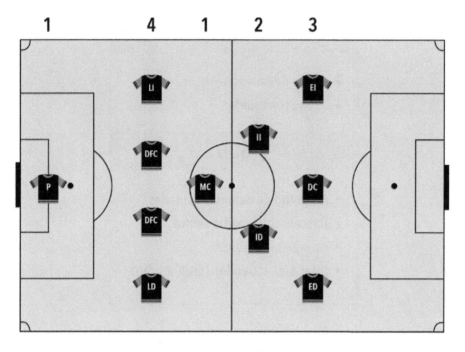

DFC: defensa central. LI/LD: lateral izquierdo/lateral derecho. MC: medio centro. II: interior izquierdo. ID: interior derecho. EI: extremo izquierdo. ED: extremo derecho. DC: delantero centro.

A la formación, vamos a aplicarle algunas tareas de un modelo de juego inventado, como ejemplo (utilizando el formato/herramienta mostrado previamente):

MOMENTO CON BALÓN
BLOQUE MEDIO
PRI
• Juego de posición. • Juego construido.
SUB
• Amplitud de defensas centrales. • Descenso del medio centro. • Laterales interiorizan. • Interiores ascienden (profundizan).

Con el modelo de juego aplicado, la formación se ve así:

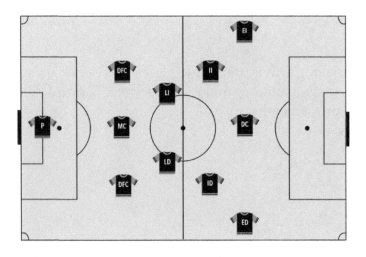

DFC: defensa central. LI/LD: lateral izquierdo/lateral derecho. MC: medio centro. II: interior izquierdo. ID: interior derecho. EI: extremo izquierdo. ED: extremo derecho. DC: delantero centro.

En el segundo diagrama observamos cómo la formación cambió completamente respecto al primero, debido al cumplimiento del modelo de juego y la flexibilidad que conlleva la realización de las tareas bajo la óptica del "desorden ordenado". Si la formación siguiera siendo relevante, según el diagrama final, encontraríamos un 1-3-2-2-3, dramáticamente diferente al 1-4-1-2-3 inicial. Bienvenida la plasticidad posicional.

"No hay que atender a los dibujitos. Para mí en el 1-4-1-4-1 hay tres delanteros. Y es que en cuanto se mueve el balón, el dibujito se va al carajo"[42], Juan Manuel Lillo.

"Yo he jugado con un 1-4-3-3 en el Ajax, con un 1-2-3-2-3 en el Barcelona, y en el AZ puedo utilizar el 1-4-4-2. Soy flexible.
En cuanto a mi filosofía, sigue siendo la misma."[43], Louis Van Gaal.

Observemos a continuación, diferentes subprincipios de un equipo (color verde) que modifican significativamente la formación de juego inicial (1-4-3-3) en bloque alto, durante un mismo partido:

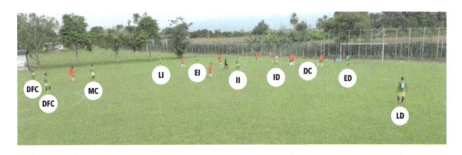

DFC: defensa central. LI/LD: lateral izquierdo/lateral derecho. MC: medio centro. II: interior izquierdo. ID: interior derecho. EI: extremo izquierdo. ED: extremo derecho. DC: delantero centro.

(Imagen 1): línea de 2 atrás, compuesta de defensas centrales y respaldo del medio centro. Lateral izquierdo y derecho en profundidad, haciendo parte de la línea de atacantes. Extremo izquierdo y derecho interiorizados. Significativo volumen ofensivo.

Fútbol de verdad

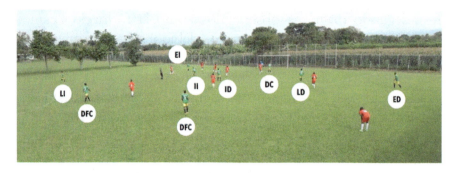

DFC: defensa central. LI/LD: lateral izquierdo/lateral derecho. MC: medio centro. II: interior izquierdo. ID: interior derecho. EI: extremo izquierdo. ED: extremo derecho. DC: delantero centro.

(Imagen 2): línea de 3 atrás, compuesta de defensas centrales y lateral izquierdo. Extremos en amplitud total. Lateral derecho interiorizado y en profundidad total. Interior derecho e izquierdo como llegadores en zona de riesgo. (El medio centro no está en la imagen porque estaba siendo atendido afuera del campo; si estuviese, su posicionamiento sería por delante de la línea de los 3 defensores).

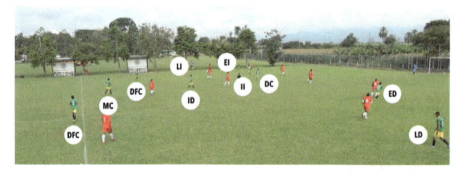

DFC: defensa central. LI/LD: lateral izquierdo/lateral derecho. MC: medio centro. II: interior izquierdo. ID: interior derecho. EI: extremo izquierdo. ED: extremo derecho. DC: delantero centro.

(Imagen 3): línea de 3 atrás (descenso del medio centro entre defensas centrales). Lateral derecho e izquierdo en amplitud y profundidad. Extremo derecho en juego interior. Uno de los dos interiores desciende, el otro asciende.

Observamos diferentes posicionamientos del equipo que varían de manera estratégica, pero que no modifican el comportamiento táctico en cuanto al modelo de juego. Plasticidad posicional = desorden ordenado = caos para el rival.

Evaluación del rendimiento en el juego

Se enfrentan el equipo A y el equipo B (planteles en igualdad de capacidad). 1-0 gana el equipo A. La mayoría de las personas elegiría el equipo ganador sin importar el merecimiento. Digo merecimiento, no justicia. Utilizar la expresión justicia es demasiado fuerte. La realidad es que muchas veces, el resultado final no revela la verdadera historia de lo acontecido en el partido; puede ganar quien no lo merece, y en ese sentido, fallamos al acreditarle un mejor rendimiento a quien no lo tuvo.

No obstante, encontramos posturas como las siguientes: "El fútbol no es de merecimientos". "En el fútbol la justicia no importa, solo el que gana". "¿Quién mereció ganar? Eso es lo de menos, lo importante es el resultado". Posiciones válidas para hinchas, un DT no puede pensar así. Si el espectador viera un poco más allá del marcador final, entendiendo las diferentes variables, comprendería el juego con muchísima más claridad. Ganar un partido debería ser la consecuencia de haber sido superior, muchas veces no lo es y está bien, es parte del juego, pero tener la capacidad de entender y ver la situación real, es acercarse a comprender el juego. No es que no se pueda celebrar la victoria inmerecida, pero debemos ser conscientes de las razones por las cuales se obtuvo dicho resultado. A veces el reconocimiento y la congratulación deben dirigirse al azar, a la fortuna o a la casualidad, y no al DT y tampoco a sus jugadores; debemos lograr asimilarlo.

Al DT tiene que importarle conocer el real desenlace de la competencia para saber quién fue mejor; a partir de lo sucedido, planifica para mejorar. ¿Qué pasa si hacemos el análisis únicamente en función del resultado, sin conocer el merecimiento?

Dejamos pasar desapercibidos los puntos de inflexión, las consecuencias, las razones y el entendimiento. A veces se puede perder y no se necesita cambiar nada, otras, se puede ganar y se necesita cambiar todo. Reitero: el resultado no siempre es producto del merecimiento, hay que tener la madurez para reconocerlo y considerarlo como punto de partida para la corrección.

Fundamental es preguntarse: **¿cómo podemos medir el rendimiento?** *La cantidad de oportunidades a favor de gol como consecuencia del modelo de juego en lo ofensivo —validando las causales y no las casuales— versus la cantidad de oportunidades en contra de gol, como consecuencia del modelo de juego en lo defensivo —validando las causales y no las casuales—*. Cuando la distancia es muy grande entre equipos en capacidades, debemos tenerla en cuenta en la ecuación, como una especie de hándicap que no existe para el resultadista. "Para evaluar el funcionamiento de un equipo se observa cuántas veces llega y cuántas veces le llegan"[44], Marcelo Bielsa. *La parte compleja radica en que, debemos relacionar oportunidades de gol generadas a favor y en contra, en función de los modelos de juego y entender cuáles se dieron por azar y cuáles como búsqueda voluntaria a partir de la intención táctica*. Debemos tener certeza y seguridad de cuál es el modelo de juego de ambos equipos en cuestión con mucho criterio (la gran mayoría se equivoca o no los distingue con claridad). Por ejemplo, si la Selección Colombia no entrena la táctica fija (balones parados) y convierte un gol desde un tiro de esquina con un cabezazo de James Rodríguez, que no es un cabeceador regular, y quien lo marca es Didier Drogba, uno de los mejores cabeceadores del mundo… debemos reconocer que es un gol fuera de contexto, fortuito. No quiere decir que el gol no valga, claro que vale y sin duda hay virtud en la ejecución, pero debemos ser objetivos y entender que no es un gol que se da como consecuencia de lo planificado en el entrenamiento. Por otro lado, si ese tiro de esquina ha sido repetitivo porque Colombia ha generado muchas aproximaciones, entonces tendría una validez diferente. No es lo mismo convertir un gol que puede ser casual, como consecuencia de uno o dos tiros de esquina únicamente en el partido, que si fuesen siete u ocho bien conseguidos, por desarrollar un juego cercano al arco rival constantemente, causal.

La interpretación es esencial. Si un equipo erra seis goles en opciones muy claras, y pierde contra un equipo que convirtió su única llegada, no deberíamos hablar de la efectividad de quien aprovechó su única chance, sino de quien generó muchas opciones y no pudo convertir. Aquí hay un desmerecimiento digno de análisis. ¿Mala suerte? ¿Azar? ¿Falta de tranquilidad para finalizar? ¿Los atacantes no son tan hábiles a la hora de concretar? Debe entenderse que el hecho de haber generado tantas opciones a favor y tan pocas en contra, hace estar al equipo en cuanto a funcionamiento, un paso adelante respecto al contrario. Es, en teoría, mejor ofensivamente —generó más— y mejor defensivamente —le generaron menos—.

Volviendo al ejemplo del equipo A que pierde con el B (generando muchas más opciones de las que le generaron), escojo siempre al equipo A. Ofensivamente solo debe revisar el tema puntual de errar en la finalización (si es que lo hay y no fue algo particular de ese encuentro). Defensivamente no debe preocuparse mucho tampoco, pues no le generaron casi opciones de gol, debe analizar qué pasó en la única opción en que le hicieron daño y pudieron marcar (si es que existió un error y no fue algo fortuito del juego).

Cuando ofensivamente se fallan muchas oportunidades de gol en un partido, es importante tomar medidas y que no se repita o convierta en una constante de juego como aspecto negativo. Pero antes de dictaminar que sea un punto delicado, debe analizarse si pudo ser una gran jornada del portero rival o si simplemente es cuestión de mejorar el trabajo de finalización. Grave sería no generar opciones. Cuando logramos estar en repetidas oportunidades de cara al arco rival, estamos haciendo las cosas muy bien: la elaboración, los movimientos y la búsqueda del espacio. Cuando defensivamente nos marcan un gol, pero fue la única ocasión generada por el rival en todo el partido, pasa igual, debemos cuestionar: ¿por qué convirtieron? Pero podríamos estar tranquilos, recibir únicamente un acercamiento del oponente en todo un encuentro, indica un muy buen desempeño.

En las posibilidades que dan lugar a la interpretación está la clave para hacer una correcta evaluación del partido. Como DT, hay que respetar el merecimiento de la competencia en orden a replantear y bosquejar nuevamente el camino, para saber si seguir por una línea, o rediseñar y cambiarla, para bien.

"Las evaluaciones, no deben hacerse en función de lo que se obtiene, sino en función de lo que se merece. Cuando se hace la evaluación exclusivamente en función de lo que se obtiene, y lo que se obtiene no es merecido, se corre un grave riesgo de interpretar mal lo que se está evaluando. En el mundo actual de resultados suena absurdo, pero no se debe evaluar lo conseguido, sino lo merecido"[45], Marcelo Bielsa.

"El triunfo y la derrota son dos impostores"[46], Ángel Cappa. Ganar o perder no revelan necesariamente la verdadera historia de un partido. La victoria debe llegar como consecuencia de haber sido el mejor, aunque en demasiadas ocasiones no es así. Un comentarista en un diario peruano, refiriéndose al asunto, dice: "Aquellos que dicen que el fútbol se trata solo de goles y no de merecimientos, es porque no entienden el fondo de este juego. Hay que jugar bien para ganar y no viceversa. Un triunfo puede conseguirse por casualidad. Victorias continuas, como las que hiló el equipo, traen detrás un estilo y un convencimiento. Ahora, pregunto: ¿influyen los merecimientos en el fútbol? ¡Obvio que sí!"[47], Mauricio Loret de Mola de Fox Sports Perú.

Por supuesto que un partido no lo definen los merecimientos sino los goles. A ningún equipo se le puede reclamar "justicia" si el rival convirtió más veces teniendo menos oportunidades. Sin embargo, el análisis del DT para identificar el merecimiento es absolutamente obligatorio en función de tomar decisiones sobre la derrota. El DT podrá dormir más tranquilo cuando pierde mereciendo ganar, que cuando gana mereciendo perder. En el segundo caso debe corregir, en el primero solo esperar. *Lo difícil o casi imposible, es hacerle ver y entender el merecimiento al público, que vive la inmediatez como norma, en vez de profundizar y observar la totalidad compleja del juego.*

Ejemplo:

G/O	Acción	MDJ	Azar	Azar	MDJ	Acción	G/O
G	Juego directo	X			X	Juego de posición	O
O	1 vs 1 en fuera de juego		X		X	Secuencia larga de pases	O
O	Error en salida del rival sin presión y atacante queda frente al arco		X		X	Volumen ofensivo	O
O	Chilena fuera de contexto con los marcajes correctos del rival		X		X	Asociación en pared en el área	G
G	Contraataque	X			X	Interiores llegadores	O
O	Error del arquero ante remate débil de larga distancia		X		X	Volumen ofensivo	O
					X	Recuperación con pressing en bloque alto	O
					X	Remate media distancia	O
					X	Duelo de extremo en amplitud más centro	O
Equipo A		2	MDJ		9	Equipo B	
		4	Azar		0		
		6	Ambas		9		
		2	Resultado		1		

G: gol. O: oportunidad de gol. Acción: comportamiento por medio del cual sucedió el gol u oportunidad de gol. MDJ: acción como consecuencia del modelo de juego. Azar: acción por aspectos fortuitos del juego. Ambas: sumatoria de MDJ y azar. Resultado: marcador del partido.

El equipo A, ganó el partido generando menos oportunidades de gol, lo cual podría hablar de su efectividad, pero de las 6 acciones que generó en total, únicamente 2 fueron como consecuencia del MDJ propio, las demás fueron fortuitas de errores técnicos del rival —no forzados, no inducidos—; de errores arbitrales o fuera de contexto. El equipo perdedor logró 9 oportunidades de gol, no solo fueron más que las del rival, sino que fueron causales de su MDJ, aspecto que habla realmente bien de la generación de juego ofensivo, versus las únicas 2 aproximaciones genuinas del MDJ del rival, aspecto que resalta el buen comportamiento defensivo del equipo B. Claro, debe revisar su finalización y la razón por la cuál no concretó en repetidas ocasiones, por supuesto, pero el indicador de 9 oportunidades de gol a favor vs 2 en contra, considerando ambos MDJ, es un panorama óptimo de rendimiento. Si nos quedáramos únicamente con el 2 vs 1 del resultado final, obviaríamos todos los elementos mencionados, fundamentales para la futura planificación de ambos equipos; elementos que normalmente al hincha o al periodista superficial no le interesan, pero que para un cuerpo técnico son fundamentales. Quien debe salir más preocupado de este encuentro, es el DT del equipo A… Es mucho más complicado mejorar la generación de oportunidades de gol (equipo A), que el remate final de gol como tal (equipo B).

Por supuesto, partimos de la base que el MDJ de cada equipo, interpretado por quien analiza el partido, es acertado respecto a la realidad y las intenciones del DT. Si no está bien analizado y deducido el MDJ, la información de la tabla no tiene validez, pues las conclusiones que nos ofrecería estarían equivocadas y no sabríamos qué es causal o casual —consecuencia o fortuito— del MDJ.

(En el capítulo siguiente, encontramos la tabla como herramienta o formato, con otros elementos adicionales para su uso formal en la evaluación del rendimiento en el juego).

Formato/herramienta para evaluación del rendimiento en el juego

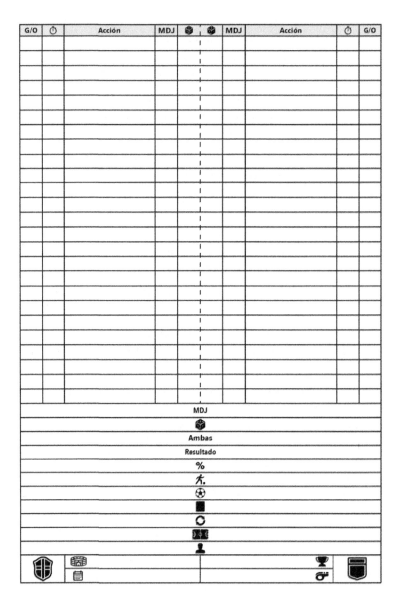

Ejemplo:

G/O	⏱	Acción	MDJ	⚽	⚽	MDJ	Acción	⏱	G/O
O	11'	Atraer al rival para ocupar otro espacio	X			X	Juego directo	23'	O
G	18'	Secuencia larga de pases	X			X	Contraataque	39'	O
O	29'	Volumen ofensivo en carril central	X		X		Duelo en carril lateral con falta previa no sancionada	61'	O
G	33'	Recuperación con pressing en bloque alto	X			X	Remate larga distancia	90'	G
G	46'	Tercer hombre ingresando al área rival	X						
O	58'	Interiores llegadores	X						
G	75'	Superioridad numérica en zona indefendible	X						
O	86'	Juego directo		X					
		7		MDJ		3			
		1		⚽		1			
		8		Ambas		4			
		4		Resultado		1			
		70		%		30			
		805 pases		🏃		219 pases			
		Ibrahimović, Verón, Messi, Falcao		⚽		Lampard			
		Toledo, Hierro		⬛		Pogba, Essien, Materazzi (roja)			
		Falcao x Henry, Zidane x Pernambucano		🔄		Eto'o x Varane			
		1-4-3-3 con balón, 1-4-2-4 sin balón				1-4-4-2 con balón, 1-4-4-2 sin balón			
		DT Samy Stroh, AT Daniel Mejía				DT José Mourinho, AT Rui Faría			
			Olímpico Pascual Guerrero		Copa Libertadores de América				
			5 de Enero de 2025		Pierluigi Collina				

Jugar bien, jugar mejor y jugar vistoso

Solo entendiendo la concepción y evaluación del rendimiento en el juego, podemos profundizar en lo que significa *jugar bien, jugar mejor y jugar vistoso*.

"Hay mucha gente que puede decir que un equipo juega mal. Hay poca gente que puede decir por qué un equipo juega mal. Y hay poquísimos que pueden decir qué se debe hacer para que juegue mejor"[48], Johan Cruyff.

Jugar bien:
Sin importar cuan vistoso juegue el equipo, se trata de ejecutar correctamente el planteamiento establecido, condicionado por la cantidad de opciones de gol propias, merecidas como consecuencia del modelo de juego, versus la cantidad de opciones de gol del rival, merecidas como consecuencia del modelo de juego; teniendo en cuenta la capacidad de ambos equipos.

El jugar bien de un equipo está dado por el hecho de si el *plan* diseñado y ejecutado por el DT se *cumple o no* (sin importar cuál sea en cuanto a los cómos), y debe evaluarse en función de las oportunidades creadas versus las recibidas, que no sean fortuitas y se den a partir del modelo. Ningún DT planifica defensivamente para "salvarse" de milagro y ofensivamente conseguir un gol de casualidad. Se debe tener en cuenta la capacidad de ambos planteles para suponer si existen ventajas que condicionen la postura de un equipo respecto al otro, y la probabilidad que tenga de ocasionar más daño del que recibe.

Jugar bien no toma en cuenta la estética, no juzga los cómos. Por ejemplo, defender en bloque bajo y atacar con un juego directo, es algo que no le compete al jugar bien o al jugar mal. No califica las maneras. Solo importa si el planteamiento se realizó correctamente dando un resultado merecido. Ahora, si un equipo con mejores, o las mismas capacidades que el rival, gana, pero le llegan más veces de las que lo hace (merecidamente), diríamos que jugó mal, pues tiene herramientas para no estar sufriendo y evadiendo goles milagrosamente, y para generar más opciones de las casi nulas que ocasiona.

Defender bien no es mantener el cero y salvarse continuamente, es no conceder oportunidades de gol al rival, o por lo menos, en menor cantidad de las que recibe. Si las oportunidades llegan producto del azar y la casualidad, no son tenidas en cuenta. Por ejemplo, un gol fortuito en fuera de juego: error arbitral. Un gol fortuito por un resbalón del defensa: error técnico. Un gol fortuito de 40 metros imposible de atajar: atípico y virtud del rival. Pero si los goles llegan como consecuencia del modelo y la superioridad, entonces, categóricamente sí se defendió mal. Es fundamental la interpretación, la lectura y el análisis. "El equipo no atacó nunca, llegó una vez al gol con el 100% de efectividad, el otro equipo erró 10 goles, ganó el más pragmático. ¡No! Esa lógica la permitió ganar el partido, pero no puede ser una lógica aplicada; ¡quiere decir entonces que hay que buscar que el rival te patee veinte veces, que te erre goles, que no ataquemos nunca y así ganar el partido!"[49], Marcelo Bielsa.

"No es lo mismo la posibilidad que la probabilidad. A mí me gustan los equipos que buscan la probabilidad"[50], Juan Manuel Lillo. Se refiere a la empatía por los equipos que juegan bien para ganar como probabilidad, y no a los equipos que juegan mal o a nada para ganar como posibilidad. Jugar bien es el camino para ganar. "Se escucha mucho la pregunta: ¿Ganar o jugar bien? Creo que debería ser una afirmación: Jugar bien para ganar, y no una interrogación entre dos opciones"[51], Marcelo Bielsa. Ganar debe ser la consecuencia de jugar bien, no siempre pasa, pero es la intención. "Prefiero jugar mal y ganar, repiten incansablemente los apósteles del pragmatismo. La asociación es ilícita: nadie gana por jugar mal, sino a pesar de jugar mal"[52], Jorge Valdano.

Jugar mejor:
Sin importar la estética, se consideran la cantidad de opciones de gol propias, merecidas como consecuencia del modelo de juego, versus la cantidad de opciones de gol del rival, merecidas como consecuencia del modelo de juego. Existen dos diferencias respecto a jugar bien. La primera, que no entra en la consideración el plan. Y la segunda, que no tiene en cuenta la capacidad de cada equipo. Cuando decimos que un equipo jugó mejor o peor, solo nos debe importar la diferencia entre llegadas a favor, versus las concedidas como consecuencia del modelo de cada equipo. No importa la distancia que exista entre las condiciones de uno y otro equipo. Tampoco importa el plan diseñado por cada DT para el encuentro.

Jugar mejor que el rival es merecer la victoria. Sin embargo, hay quienes creen que jugar mejor es sinónimo simplemente de convertir goles y ganar. El hecho de merecer la victoria no quiere decir que siempre se consiga, no por eso el otro equipo —ganador— jugó mejor. Un escritor deportivo español asegura: "Juega mejor quien marca más goles"[53]. Como ya establecimos, marcar más goles no es sinónimo de haber jugado mejor —aunque en muchas ocasiones así es, y ojalá siempre lo fuera para los DT que trabajan por ese objetivo, quizás no tanto para el fanático o hincha que espera la sorpresa—. A veces se pueden marcar más goles que el rival sin merecimiento. Aquí es donde la interpretación termina siendo fundamental. También afirma: "La única posibilidad de que no gane el que jugó mejor es por una injusticia, esto es, por decisiones arbitrales erróneas"[54], incorrecto. Las "injusticias" (desmerecimientos), no solo se dan por errores arbitrales, también por situaciones fortuitas de juego. Continua: "Los partidos siempre los gana quien mejor juega"[55]. ¡Ojalá! Ya explicamos con claridad que no siempre gana el mejor. Entiende poco de fútbol quien considera que solo existe el color blanco y el negro en este juego. *El fútbol podría ser el deporte más gris del planeta.*

Hay equipos que ganan así: el rival erra un penal, falla tres duelos con el portero, y golpea el travesaño en dos oportunidades; y el ganador, consigue un gol convertido en propia puerta por el rival de manera fortuita. ¿Cómo va a ser eso jugar mejor? Jamás un DT plantea un partido para que su portero, los postes y los milagros, sean los protagonistas y para que sus delanteros principales sean la fortuna y la casualidad. Por tanto, a pesar de que el DT consiguió el triunfo, no fue el mejor en el campo. La victoria, aunque válida, es inmerecida desde el análisis de juego. "Ganó el equipo que jugó mejor"[56], Bebeto. "Ganó el equipo que mereció ganar"[57], José Mourinho. "Ganó el que mejor jugó"[58], Juan Román Riquelme. Todos en alusión a que en cada partido, ganó quien mejor jugó. Con lo que dejan un mensaje implícito: no siempre gana quien mejor juega, aunque en muchas ocasiones sí. ¿De lo contrario, por qué y para qué la aclaración?

Se puede jugar bien y no jugar mejor que el rival. A manera de ejemplo, un equipo concedió en defensa más ocasiones de las que generó en ataque —siete concedidas versus seis generadas bajo un contexto causal de los modelos de juego—, pero su rival era significativamente mejor. Entonces jugó bien, teniendo en cuenta la diferencia de capacidad con el rival. Ejecutó un plan correcto, medido por las veces que le llegaron y las que llegó. Por otro lado, no jugó mejor desde el punto de vista de las oportunidades de gol creadas en función de las recibidas. Observen que en ningún momento mencionamos quién ganó el partido, argumentando a favor de la premisa que establece: *El ganador de un partido no necesariamente es el mejor.*

Así mismo, se puede jugar mal y jugar mejor que el rival. Un ejemplo, el plan del equipo no se cumplió, generó cinco opciones de gol merecidas y el rival cuatro también merecidas. No jugó bien, dado que no tenía presupuestado recibir tanto daño por un rival de inferior capacidad, cuatro opciones concedidas es bastante respecto a las cinco generadas. Pero sí jugó mejor porque obtuvo una opción de gol por encima de su contrincante. Es preciso el análisis. En términos generales podría decirse que el partido fue casi parejo. Observemos nuevamente que no mencionamos al ganador para necesitar justificar quién fue el mejor.

Jugar vistoso:
Tiene que ver con el cómo, las formas, lo estético, la belleza. Y aunque son elementos subjetivos y relativos, existe una concepción común o mayoritaria de lo que significa o supone ser vistoso en el fútbol. Ofensivamente, por lo general, se hace referencia a ser protagónico; a manejar el partido; al atacar constantemente; al juego asociativo; a tener control a partir de la posesión; a replegar al rival u obligarlo a que realice una presión mal ejecutada, permitiendo espacios para avanzar con fluidez y facilidad; al volumen ofensivo; al buen ritmo e intensidad de juego y desde luego, al espectáculo. Defensivamente, por lo general, se hace referencia a la recuperación inmediata del balón; a interrumpir el juego del equipo rival; al pressing en bloque alto y al marcaje directo en transiciones sin balón (intentar recuperar el balón inmediatamente se pierde sin importar la figura del equipo). Preguntémonos, ¿por qué el público, generalmente, prefiere ver a los equipos ofensivos, propositivos, protagónicos, antes que a los apáticos o de propuestas reactivas y no activas? ¿Por qué al público le llama la atención ver a Klopp o Bielsa contra el "equipo pequeño", pero no ve a Simeone o Mourinho contra ese mismo "equipo pequeño"? Todos verían al Barcelona (de Pep) vs el Alcorcón. Pregunto, ¿quién vería al Atlético Madrid (de Simeone) vs el mismo Alcorcón? Pocos (refiriéndome al público neutro, no al hincha del equipo). La vistosidad es necesaria para el espectador. Y aclaro, no digo que los estilos de juego que no deleitan no sean válidos, al contrario, son imprescindibles y necesarios para poder apreciar los que sí lo son, para que hayan polos opuestos y sean distinguibles, para que el público goce del morbo de un encuentro que sí es muy apetecido, enfrentando estilos diferentes. Los estilos se necesitan unos a otros, sin la diversidad, el fútbol no sería lo que es. No obstante, y una vez más: aunque nos fascine ver

enfrentar dos modelos de juego opuestos (vistoso vs no vistoso) para ver quién sale ganador y cuál es el desenlace, muy pocos verían dos equipos que no sean vistosos enfrentarse... Dos propuestas en un mismo partido no muy llamativas (así sean equipos grandes, pero con un juego pálido, parco, marchito), es poco atractivo. En referencia, el clásico Milán vs Inter tiene una audiencia bajísima en los últimos años, no porque los equipos no sean grandes, sino porque la propuesta de los DT ha dejado mucho que desear para el espectador. No mencionemos tan siquiera la obviedad de ver enfrentar dos equipos que sí son vistosos, cuando pasa, todo el mundo está en primera fila.

"La posesión tiene que ver con la belleza, con lo atractivo, con cómo el público se vincula"[59], Marcelo Bielsa. "Al fútbol siempre debe jugarse de manera atractiva, debes jugar de manera ofensiva, debe ser un espectáculo"[60], Johan Cruyff. Las argumentaciones aluden a la importancia del juego vistoso en momentos con balón.

La importancia del *cómo*

En consonancia al juego vistoso, encontramos los cómos que constituyen la belleza, aunque para muchos en el fútbol, la cuestión exclusiva es ganar sin importar la manera.

Para mí, aunque se trata de ganar —nadie juega bonito o vistoso simplemente porque sí—, importa el cómo. No es una búsqueda injustificada y sin causa. No busco jugar con un cómo complaciente y espectacular solo porque me agrade, lo hago porque considero que es el camino que más me acerca a la victoria. Poseer el balón —con criterio— más tiempo que el rival me hace más dueño del partido; me hace controlar el juego; tener más oportunidades a mi favor —si soy eficiente—; disminuir el aspecto casual, fortuito y de azar; recortar la distancia entre imprevisibilidad y realidad, y como consecuencia, más probabilidades de ganar.

No obstante, también se gana jugando de otras maneras, con otros cómos, también válidos. Que no me gusten —y no me gustan— no indica que no los reconozca, o que no sean dignos de validación y respeto. Si se realizan con convicción por parte del DT (como idea plasmada en el modelo de juego), resultan tan justificables como los de cualquiera.

¿Por qué mi necesidad de una concepción de juego vistoso, además de ser el camino que considero más me acerca a vencer? Porque creo que el espectáculo y la belleza son en gran parte la razón de ser del fútbol. Nos hacemos futbolistas por el placer que nos trae el juego; por el gusto de hacer goles; por tener el balón en nuestros pies; por asociarnos con los compañeros por periodos largos; por rematar; por desbordar; por "tirar una pared"; por realizar duelos donde se genere peligro y diversión. Todas son acciones sinónimas de juego vistoso.

¿Cuáles son algunos de los cómos que representan lo anterior y son dignos de considerarse estéticos? No todos los DT y los jugadores coinciden, aunque la mayoría tiene una manera predominante de representar la belleza a través de los siguientes cómos:

En lo ofensivo (entre otros):
- Tener muchas y más cantidad de opciones de gol que el rival.
- Tener mayor posesión del balón.
- Generar constante volumen ofensivo.
- Pisar el área rival con al menos 4 o 5 jugadores, sabiendo llegar, más que estar.
- Circular rápidamente el balón (velocidad y ritmo: intensidad de juego).
- Jugar con intensidad, pocas interrupciones y alto tiempo de juego.
- Controlar el juego.
- Dominar el juego.
- Ser protagonista.
- Jugar en el campo rival.
- Replegar y doblegar al rival, atacándolo en su bloque bajo en espacios pequeños y estrechos; u obligarlo a presionar con mala ejecución, permitiendo espacios para avanzar con fluidez y facilidad.
- Realizar un juego construido.
- Realizar un juego dinámico y de movilidad.
- Jugar con amplitud, utilizando todo el ancho del campo (extremos o laterales, para poder ser profundos).
- Buscar creatividad, duelos e improvisaciones en zonas de peligro.

- Salir jugando desde atrás.
- Jugar normalmente a ras de piso.
- Encontrar constantemente y con facilidad a los jugadores libres.
- Lograr superioridad numérica por zonas o posicional (superioridades a través de la posición).
- Variar en la manera de llegar al gol (en los subprincipios, no en los principios).
- Triangular en espacios reducidos (superando líneas defensivas y eliminando rivales).
- Realizar paredes (superando líneas defensivas y eliminando rivales).
- Conseguir secuencias largas de pases (mejor aún si terminan en gol ingresando al área de penalti o de meta rival).

En lo defensivo (entre otros):
- No conceder o conceder menos oportunidades de gol que el rival.
- No dejar jugar al rival y ser agresivo en la recuperación de balón con alta intensidad defensiva (interrumpir su juego sin cometer falta).
- Defender el balón y no el espacio.
- Realizar un marcaje directo en la transición sin balón, para conseguir una recuperación inmediata tras pérdida (marcando al poseedor del balón y a los posibles receptores sin importar la formación).
- Realizar pressing en bloque alto cuando el rival está organizado y el equipo propio también (recuperando el balón lo más lejos posible del arco defendido, dejando mucho espacio a nuestras espaldas).

La importancia del cómo es tan significativa en algunos equipos, que incluso pese a haber conseguido los resultados máximos de la competencia en cuanto a levantar el trofeo, sus DT han sido destituidos. Salir campeón es la máxima referencia que caracteriza la concepción de ganar. ¿Cómo es posible entonces una destitución tras obtener un campeonato? Más allá de que esté justificada o no la salida.

El DT italiano Roberto Di Matteo avanzó varias fases en la competición de la Liga de Campeones de Europa con el Chelsea en el 2012, no solo con un juego considerado apático y pobre en su propuesta, sino también, sin jugar bien. Teniendo en cuenta su plan, obtenía victorias desmerecidas y sus rivales casi siempre fueron ampliamente superiores en la generación de oportunidades. En varios partidos salió ileso de milagro con penales errados por el rival, salvadas asombrosas y fallas inverosímiles. Con un gol de tiro esquina en la final, en el último minuto y a través de una de las pocas llegadas en un partido que llegó al extra-tiempo, se consagró campeón por primera vez en la historia del Club en dicha competencia. Todos en el Club terminaron felices con el campeonato, aunque muy decepcionados con la manera en que se jugó. Terminado el festejo, Di Matteo fue destituido.

Fabio Capello, uno de los más importantes DT que ha tenido el fútbol internacional (con muchos títulos obtenidos), fue destituido del Real Madrid en 2008 pese a haber conseguido el campeonato de la liga española con varias fechas de anticipación al final del torneo. El equipo ganaba, pero el público exigía otros cómos en el terreno de juego.

Claudio Ranieri, logró la asombrosa hazaña de obtener el título de la liga inglesa con el Leicester City en 2016. El objetivo inicial era evitar el descenso, aunque increíblemente salió campeón de liga. El título fue completamente merecido, fue un equipo superior a sus rivales, jugando bien respecto al plan y siendo mejor que casi todos. Tras el inicio fallido de la siguiente temporada poscampeonato, la paciencia del Club fue increíblemente ligera, optó por destituirlo cuando los jugadores se quejaron del juego defensivo. Manifestaron su interés por probar un estilo de juego diferente ante los malos resultados, jugando de una forma en la que no se divertían.

"La victoria podrá quedar en los libros, pero la forma de conseguirla quedará en la cabeza de la gente"[61], Arrigo Sacchi.

Existen equipos que son más recordados por el cómo, que por sus logros —para bien o para mal—. La Grecia de la Eurocopa 2004, pese a haber salido campeón, será recordada por un juego excesivamente defensivo y poco vistoso.

El Once Caldas, campeón de Copa Libertadores en 2004, será recordado por ganar "medio a cero" y pasar así ronda a ronda hasta la final, ganada en penales. Sin embargo, no podemos decir que jugaron mal, todo lo contrario. Lo hizo muy bien porque no concedía muchas opciones de gol, a pesar de las pocas oportunidades que generaba y en que convirtió. No era un equipo con una nómina al que se le pudiera pedir un fútbol más ofensivo o vistoso. Hay que decir que conocía muy bien sus fortalezas y sus limitaciones. Incluso, fue mejor que los difíciles rivales que enfrentó, quienes tenían planteles de considerable mayor capacidad (variable de capacidad a tener en cuenta en la evaluación al analizar si jugaron bien). Aun así, será recordado más por su forma de jugar que por el increíble logro en sí. Otros ejemplos de equipos pocos vistosos, propios de alguna filosofía más que de la idea de cada DT, son el "Catenaccio" italiano y la "Garra Charrúa" de Uruguay.

En 1996, Bobby Robson reemplazó a Johan Cruyff como DT del Barcelona, quien había conseguido instaurar una identidad muy arraigada en el juego vistoso. Robson consiguió el mejor arranque de liga para el Barcelona en treinta y tres años, y aun así, la gente no gustaba del fútbol que desarrollaba su equipo posCruyff. Guardiola comenta, en su época de jugador durante ese periodo: "Recuerdo que ganamos un partido 8-1 de locales y la gente, los hinchas, silbaban. La gente no estaba satisfecha"[62]. Del mismo encuentro: "Al día siguiente, un diario publicó que Barcelona no había jugado al fútbol. ¿Se imaginan?"[63], Bobby Robson. Difícil creer que, tras conseguir una victoria con un marcador tan favorable y abultado, sus hinchas se hayan quejado por el fútbol mostrado, pero el fútbol no es solo ganar, para algunos de nosotros es cómo se gana. Vemos la huella imborrable dejada por Cruyff respecto a los cómos en el juego.

El Barcelona de Luis Enrique terminó consiguiendo más títulos que el mismo Barcelona de Guardiola, y sin embargo, casi nadie se atrevería a decir que fue mejor. Al revés, el equipo de Guardiola perdurará para siempre como uno de los más grandes de la historia, habiendo sido el otro más exitoso o más ganador.

Otros casos notables: la "Naranja Mecánica" del "Fútbol Total" de Rinus Michels en 1974. River Plate "La Máquina" de 1940. La Selección de Hungría de 1950, llamada "El equipo de Oro". El Ajax en la década de los 70. El Ajax de Louis Van Gaal entre 1992 y 1996. El "Ballet Azul" de Millonarios en la época dorada en Colombia. La España del 2012. El Barcelona dirigido por Johan Cruyff en los 90. Y el Brasil de 1970.

Los equipos perduran no solo por lo que obtienen, sino por las sensaciones que despiertan. "Son los entrenadores los que deben decidir qué estilo quieren para sus equipos. Yo elegí este estilo porque quiero que los aficionados siempre recuerden mis equipos"[64], Louis Van Gaal.

No me gustan los equipos que esperan en bloque bajo con un marcaje pasivo zonal; que ceden la pelota; que cuando la recuperan buscan un juego directo con su único delantero en solitario; que no consiguen realizar más de cinco pases consecutivos; que constantemente son replegados y doblegados por el rival o lo hacen de manera voluntaria; que tienen muy pocas opciones de gol y buscan concretar milagrosamente sin generar mucho. Puedo respetar su manera de jugar, su cómo, incluso puedo decir que jugaron bien algún partido —respecto a su plan ideado—, pero con total convicción puedo declarar que no me interesan, que no les observaría jugar, que jamás entrenaría un equipo para que juegue así.

Cuando observo dos equipos enfrentándose no lo hago por ver quién sale ganador, o por ser simpatizante de alguno, lo hago para ser complacido, deleitado, seducido, para que me obliguen a elogiar, para que en mí se genere admiración, para aplaudir, para que me hagan querer volver a verlos jugar.

"Nadie va al campo a ver un 1-0. La gente paga entradas para ver goles, ocasiones, desbordes, regates"[65], Thomas Tuchel.

"Soy entrenador para ver jugar bien a mi equipo, no para ganar títulos"[66], Guardiola. Ganar títulos es la consecuencia de haber jugado bien, según el plan que él conoce, cree y ejecuta.

Ángel Cappa en diferentes ocasiones: "Los entrenadores en Argentina tienen miedo a que los echen al tercer o cuarto partido. No quieren arriesgar. Dicen: Dale para adelante, sacá para arriba y allá ponemos un tipo solo a ver si agarramos un rebote y de ese rebote a ver si hacemos un gol"[67]. "Mis equipos encarnan el romanticismo, la bohemia, el porteñisimo, una forma de proponer el fútbol semejante a la vida"[68].

"Yo soy más atacante. Quiero que mi equipo juegue en campo contrario. Mourinho cambia más [...] Mi filosofía es que hay que jugar para el público. Por eso tenemos que jugar también un fútbol atractivo"[69], Louis Van Gaal.

"La única manera que entiendo el fútbol es la de la presión constante, jugar en el campo rival y el dominio de la pelota (...) Yo no concibo el fútbol sin protagonismo. Tengo una atracción exagerada por la victoria. Y el protagonismo es el mejor camino para acercarse a ella"[70], Marcelo Bielsa.

Héctor Chavero, DT argentino que realizó pasantía con Rinus Michels (padre del "Fútbol Total"), dijo lo siguiente, refiriéndose a la final que perdió Holanda con Alemania en el Mundial de 1974: "Para Rinus, haber perdido fue doloroso, claro que sí, pero siempre repetía que más doloroso hubiera sido ganar la copa sin respetar la idea que él trataba de inculcar a sus jugadores"[71].

"Hay que jugar por el amor a ganar y no por el temor a perder"[72], Juan Carlos Osorio, en declaración clara sobre los cómos.

"Son los mezquinos los que esperan que el resultado les dé la razón. Esta gente se coloca siempre en la vereda del que gana, si es con menos, mejor. Por eso Pep los irrita. Pero no encuentran "al ganador" que juegue el fútbol que ellos defienden y gane. Se suben a cualquier tren"[73], Diego Latorre.

El fútbol revela muchas cosas sobre quiénes somos, de nuestra perspectiva de la vida. El modelo de juego de cada DT refleja su ser y expresa su identidad, la manera como entiende y procede, si le gusta el control, si es de iniciativa, si necesita ir por más, si le importan los cómos. El modelo de juego nos dice mucho de quién es.

"Al final lo que quiere el míster es lo que todo jugador quiere, a todos nos gusta tener la pelota, se disfruta muchísimo más"[74], Javi García (exjugador del Real Madrid y Manchester City).

"Ser un buen entrenador depende del legado que dejas, no de los títulos que ganas"[75], Mauricio Pochettino.

"Ser campeón no es la vara. Es ridículo plantear las cosas así. La medida es el juego, es mejorar a los jugadores, es la convicción, las variantes, el ingenio, la innovación. No se juega igual después de él"[76], Diego Latorre (refiriéndose a Guardiola).

"Brasil fue muy mezquino, jugó como un equipo chico, teniendo grandes jugadores"[77], Ángel Cappa. Critica el cómo, no el resultado, que a propósito fue muy bueno, tres a uno a favor de Brasil.

"El pelotazo no es fútbol y me aburre mucho"[78], Robert Pires. Jugar con pelotazos si es parte del fútbol, pero no es un cómo que entretenga a este exfutbolista. Quizás como variante estratégica, pero no como constante. Y sobre todo no con un pelotazo, un pase largo en todo caso.

"El pase conecta, el pelotazo aísla"[79], Diego Latorre.

"Mi idea como entrenador pasa por parámetros de ser protagonista, tener el balón, recuperarlo pronto"[80], Xavi Hernández.

"Apuesto por el fútbol bien jugado porque creo que es el que da mejores resultados. Cuando te ven los espectadores quieren espectáculos, no que marques un gol y te encierres a defender el resultado, sino ir a por el segundo"[81], Manuel Pellegrini.

"Sabes que haces algo especial cuando la gente quiere ver cómo juegas y no cómo ganas"[82], Thierry Henry.

"Manchester United solo se defendió hoy (…) Es extraño cuando un equipo juega de esa manera siendo un Club de tanta, tanta, tanta calidad"[83], Jürgen Klopp.

En artículo de una de las revistas más reconocidas de Europa: "Es curioso ver que casi nadie se acuerda de Van Marwijk, un entrenador que, curiosamente, consiguió llegar igual de lejos que Rinus Michels en los Mundiales. Pero Van Marwijk cometió un error mayúsculo: borró la identidad de Holanda. El trabajo de años y años, cuyo padre fue Rinus Michels, el ideólogo de una Selección y un fútbol que estuvo por encima de los títulos. Lo importante, simplemente, era la forma"[84].

"No basta con ganar. La victoria hay que conseguirla de una forma determinada"[85], Emilio Butragueño.

Dejemos que sea Jorge Valdano quien cierre el capítulo, resumiendo la importancia del cómo en el juego: "Ganar queremos todos, pero solo los mediocres no aspiran a la belleza. Es como pretender elegir entre un imbécil bueno y un inteligente malo"[86]. "Algunos dirán que en el fútbol solo interesa ganar y otros, más cándidos, seguiremos pensando que si esto es un espectáculo también importa gustar"[87]. "Todo equipo que trata bien el balón, trata bien al espectador"[88].

Posesión de balón: razón de ser

Parafraseando a Guardiola... "El niño que busca ser futbolista lo hace por amor al balón, no lo hace por conseguir dinero y/o ser famoso, luego, en el camino, se olvida que esas eran las razones"[89]. Cuando el niño se escapa de clase, llega tarde a casa, o deja plantado a sus amigos, es por ella, la pelota. La máxima representación del valor que tiene en el juego es el tiempo que decidimos pasar a su lado, la posesión de balón. Así mismo, como conclusión obvia, si me gusta tenerlo... no me agrada verlo con el rival. "Yo sufro si no tengo la pelota y como entrenador me ocurrirá igual"[90], Xavi Hernández.

Pero no todo es romanticismo, si tengo el balón más tiempo conmigo y lo sé usar eficientemente, aumento las probabilidades de hacer daño, de lastimar al rival. Puedo generar más opciones que el adversario y limitarlo a intentar afectarme únicamente en el poco tiempo que lo tiene en su poder. "Hasta el día en que se empiece a jugar al fútbol con dos pelotas, yo quiero tener siempre la pelota, porque si yo la tengo, tú no la vas a tener y sin ella no me puedes atacar"[91], Johan Cruyff. También buscamos desgastar al rival física y mentalmente, manejar el tempo (ritmo) de juego según nuestro interés.

Finalmente busco la posesión de balón porque me acerca más a la victoria, porque es el camino en el que creo con convicción. "Para ganar un partido lo más fácil sigue siendo tener el balón"[92], Alex Ferguson.

No es pasar el balón por pasarlo, es pasarlo con una intención. Es buscar mover al rival para atacarlo en otro sitio, buscar el espacio, hacer partícipes a los compañeros, contagiar al equipo, atraer al rival, obligarlo a romper líneas para posteriormente superarlas y buscarlo siempre en velocidad con precisión para obtener un ritmo de juego dinámico, atractivo, difícil de seguir. "El toque es una forma de encontrar espacios. Sin él, este juego es choque"[93], Pablo César Aimar. Cuando no se puede pasar el balón y el espacio está disponible para avanzar, se conduce en velocidad y con cambio de ritmo, para que la circulación del balón continúe, y así se haga efectiva la intención de desorganizar al rival y hacer daño con él.

En Perarnau Magazine: "La posesión de balón es un fenómeno construido porque es una posesión que pretende desestabilizar al contrario, eliminar rivales y condicionar su balance defensivo, obligándolo a jugar a merced de ello y no como el rival desea"[94]. Cuando un equipo tiene la posesión del balón, condiciona al rival de dos maneras que son igual de perjudiciales y lo lastiman a través de caminos diferentes: lo obliga a replegar y ceder terreno, o lo contrario; lo obliga a adelantar líneas y a presionar, posiblemente de manera equivocada, permitiendo la progresión y fácil penetración.

Respeto a quienes desprecian o demeritan la posesión del balón, a veces son capaces de generar peligro aun teniéndolo poco en su poder. Es válido, aunque no sea el fútbol que admiro y en el que creo. Afortunadamente existen DT que creen en este cómo, de lo contrario, todos jugaríamos igual. Como en la vida, la diversidad es fundamental para que exista el equilibrio.

Todo suena bien sobre la posesión de balón, la dificultad radica en ser capaces de convertirla en una realidad. Muchos DT hablan de ella, pero pocos son capaces de reflejarla con constancia en sus equipos. Primero, debe ser definida a través de principios, subprincipios y subsubprincipios tácticos del modelo de juego. Después, demostrar su importancia al jugador para obtener su credibilidad —que jamás se impone—. Y por último, enseñarla a través del entrenamiento con una metodología que permita la mejor ejecución. Implícita está la búsqueda de jugadores aptos para este tipo de juego construido.

No se trata, como muchos creen —incluso DT—, de alinear jugadores con buena técnica, de carácter asociativo y pedirles un juego construido, creyendo que con la gestualidad indicativa de pasarse el balón unos a otros, basta. No. "Un entrenador genera una idea, luego tiene que convencer de que esa idea es la que lo va a acompañar a buscar la eficacia, después tiene que encontrar en el jugador el compromiso de que cuando venga la adversidad no traicionemos la idea"[95], César Luís Menotti.

Principios, subprincipios y subsubprincipios importantes que permiten la posesión de balón (y su explicación):

Ofensivos:

Juego construido: permite al equipo "viajar junto" (jugadores, posición y balón), manteniendo al conjunto corto en el progreso para avanzar mediante secuencias largas de pases. Siempre hay un pase extra para dejar el equipo más corto. Cuando se pierde el balón, el equipo se encuentra cercano entre sus líneas y respecto al rival para poder recuperarlo inmediatamente. Por eso, el juego a través de pases largos, como constante, es dañino para que el equipo se mantenga cercano y logre una posterior recuperación de balón en pocos segundos. Como alternativa estratégica, podría ser válido.

Posicionamiento a diferentes alturas: de esta manera la distribución del equipo en el campo es homogénea, favoreciendo obtener diferentes líneas de pase. Se puede avanzar y transitar el balón de un sector a otro sin entorpecer por sobrepoblación o despoblación. Al rival se le dificulta el marcaje a diferentes alturas porque los jugadores se ubican entre sus líneas, y así, a través de pases diagonales preferiblemente, difíciles de interceptar.

Pases que superen la siguiente línea defensiva rival (posicionamiento entre líneas): un pase siempre debe buscar atravesar por lo menos la siguiente línea defensiva del rival. Se puede pasar lateralmente, pero solo para mover al rival y nuevamente buscar profundidad en otro sector donde aparece el espacio, con la intención de lastimar al rival, que es el objetivo principal al tener el balón en poder. Parafraseando a Guardiola en charla táctica a su equipo, previo a un partido en la liga inglesa: "Realizamos pases en determinada zona para que el rival "salte" a buscar el balón, en ese momento se genera un espacio en otro sector donde enviamos el balón al jugador que se encuentra libre para avanzar en el campo"[96]. Así mismo dice: "La intención no es mover la pelota, sino mover a tus rivales. Es decir: yo llevo el balón aquí para que mi oponente venga porque en el momento justo en el que viene, paso, paso y salgo"[97]. En otras palabras, distraer en un espacio para sorprender apareciendo en otro. "Este juego consiste en ir generando superioridades a la espalda de la línea que te aprieta"[98], Juan Manuel Lillo. A veces se pueden realizar pases sin superar la línea rival si la intención es atraer e incomodar al rival.

Tercer hombre: al no poder pasar el balón al jugador inmediatamente siguiente a la línea defensiva rival ni lateralmente, aparece el concepto o subprincipio del tercer hombre. Se debe jugar con jugadores libres de marca en alturas más adelantadas (mirando profundo), para que sirvan de pivote al jugador que inicialmente estaba marcado. "No toques si no buscas generar nada. Tocar para superar líneas. Buscar el tercer hombre y la segunda acción (dejar de cara); dejar al más alejado. Generar superioridades en la línea siguiente. No tocar lateralmente si no provocas nada"[99], Juan Manuel Lillo.

Conducciones cuando no hay marca: cuando un jugador no recibe marca debe avanzar en conducción con velocidad y buen ritmo (si el contexto lo permite), aprovechando para ganar terreno y desorganizar al rival a través de oponentes que le salen a marcar, liberando así posibles receptores. Las conducciones permiten atraer rivales, eventualmente un jugador tendrá que romper la línea defensiva y salir a marcar descuidando la marca que tenía referenciada. Ese jugador descubierto, es el nuevo pase a dar.

Mínimo dos apoyos cercanos, máximo tres (atrás de la siguiente línea defensiva rival): para la construcción progresiva del juego es necesario tener apoyos que permitan el tránsito, el avance y circulación de balón. Deben ser suficientes —dos o tres—, no demasiados —más de tres—, podría alterar la ocupación racional de todo el terreno de juego (unos cerca, otros lejos). No tiene ninguna utilidad realizar cuatro o cinco pases seguidos en un mismo lugar si después no podemos avanzar hacia otro espacio más alejado, o a una altura diferente del campo y continuar con el juego. "A mí me encanta que cuando un jugador tiene la pelota siempre tenga dos o tres opciones de pase, siempre, en cualquier lugar de la cancha"[100], Ángel Cappa.

Triángulos posicionales: generar en el campo la figura triangular constantemente permite cumplir varios de los conceptos anteriores, permite al poseedor del balón encontrar diferentes apoyos —mínimo dos—, e incluso a diferentes alturas, favoreciendo el progreso y la conservación del balón.

Salir jugando: es el inicio de todo. Se empieza a construir y viajar desde atrás. "Todo es más fácil si la primera salida de balón es limpia"[101], Juan Manuel Lillo. Las opciones en la formación de salida varían según el comportamiento táctico del rival.

Amplitud: utilizar todo el ancho del campo (con extremos o laterales), permite fijar a los defensores rivales en las bandas, generando espacios por el centro del campo (aprovechados por los interiores). Si no los marcan por cubrir el centro, los jugadores en amplitud quedan totalmente desmarcados para avanzar en profundidad, normalmente en un duelo 1 vs 1 de mucho peligro. La amplitud también obliga a retroceder al rival con sus extremos para marcar, ocasionando el repliegue en zonas bajas de su campo.

Equipo corto: poca distancia entre líneas a lo largo, garantiza generar líneas de pase a jugadores disponibles cuando otros están marcados, así como un equipo compacto, cercano, y como plus, estar junto también a la hora de recuperar el balón en caso de ser perdido. Debemos hacer una correcta lectura, a veces estar corto implica menos espacio si el rival también sabe marcar bien.

Atraer para mover y generar espacio: el pase nuestro mueve al rival. Cuando nos asociamos (inteligente y estratégicamente) en determinada zona del campo, el rival va a "saltar" por el balón (ir por él), ese desplazamiento genera un espacio que, bien aprovechado por nosotros, nos permite avanzar por el campo encontrando zonas libres o sin marca rival.

Superioridad numérica por zonas o posicional: posicionar más jugadores que el rival en un espacio para que estén libres de marca y provocar desequilibrios, teniendo en cuenta los conceptos previos de apoyos cercanos mínimos y máximos y el posicionamiento en las diferentes alturas, de lo contrario, el balón se perdería en un espacio muy pequeño con muchos jugadores propios y rivales.

Volumen ofensivo: entre mayor cantidad de jugadores se utilice ofensivamente, más alternativas de pase existen para conservar el balón y atacar en zonas peligrosas. Es una cuestión de cantidad, no de calidad (aunque si la hay también, fantástico). Así mismo, se obliga al rival a retroceder, replegar y ser doblegado al intentar buscar una igualdad numérica. Si no lo hace, se ve obligado a defender en alturas adelantadas. Y de no saber marcar así, hay mucho espacio a sus espaldas que podría ser aprovechado por el equipo que propone un gran volumen ofensivo. En caso de rebotes (segundos y terceros balones), el volumen ofensivo permite mejorar la probabilidad de recuperación y posesión del balón.

Asimetría ofensiva: cuando un jugador que normalmente ocupa un espacio, aparece en otro, es muy difícil para el rival encontrar una manera de contrarrestarlo sin verse afectado posicionalmente. Al oponente le es complicado marcarlo, normalmente se encuentra libre o sin oposición y en superioridad numérica, permitiendo la progresión constante del balón. Algunos ejemplos son los extremos o laterales que aparecen en juego interior (interiorización). Cuando se encuentran en amplitud, y "cierran", normalmente no son perseguidos por su marca correspondiente en banda, permitiendo así tener un jugador de más, o libre, lo que los ayuda a conservar el balón, construir con más facilidad y ser más peligrosos. Otro ejemplo es el falso 9. Cuando el centro delantero se posiciona en zonas retrasadas, normalmente no recibe marca, es atípico que los defensores centrales rivales estén dispuestos a romper la última línea para marcarlo y dejar vulnerable una zona del campo determinante y cercana al arco defendido; esto aplica en la construcción de juego. Para la finalización, el centro delantero debe estar ubicado en zona de gol, generando volumen ofensivo. Cualquier ejemplo de otra posición de un jugador que aparezca en zonas inesperadas puede funcionar como jugador libre. Varía según el posicionamiento o la formación del equipo rival en su funcionamiento y es virtud de cada DT analizarlo estratégicamente.

Fijación: posicionamiento de un jugador en determinado sector del campo para buscar ser marcado por un jugador rival, fijándolo así en esa zona, y generando más espacio en otra. Normalmente se busca fijar jugadores en las bandas (ya mencionado), para que sean marcados en amplitud por el oponente y la línea defensiva quede con mucha distancia entre los jugadores que la componen; sin embargo, también se puede fijar un rival por el centro o cualquier lugar del campo, para distraer o permitir que otro jugador quede libre. Se debe tener en cuenta la formación y los comportamientos defensivos del rival para determinar dónde se quiere y se puede fijar.

1 versus 1: el dominio del duelo permite conservar la posesión del balón y el desequilibrio ofensivo como alternativa, cuando no se puede avanzar a través del pase y la construcción. Si el jugador no tiene capacidad resolutiva en el enfrentamiento individual a través del dribling (regate), y el pase limpio no es posible en ese momento, se verá obligado a lanzar en largo, arriesgando la posesión del balón.

Recepciones/controles orientados: posicionar el cuerpo con sentido y búsqueda constante de la progresión en el juego al momento de recibir un pase o controlar el balón. También debemos considerar el marcaje rival para saber hacia dónde salir y evitar el duelo o interrupción del juego.

Algunos conceptos de los mencionados están comprendidos en lo que se entiende como juego de posición.

Defensivos:

Para lograr una mayor posesión de balón, existe un aspecto defensivo fundamental (quizás el más importante): la recuperación de balón. No se trata únicamente del tiempo que lo tengo en mi poder, sino cuánto tiempo me toma recuperarlo y a qué altura en el campo. Es el aspecto más resaltado en el juego de Guardiola. Nadie hasta el momento ha sido capaz de recuperar el balón de manera inmediata tan eficiente, no solo en tan pocos segundos, sino también en bloque alto.

De los equipos de Guardiola, lo que más destacan las personas es el juego ofensivo y los increíbles registros de gol y generación de oportunidades. Dejan pasar desapercibido su gran logro: la capacidad táctica defensiva, reflejada en los pocos remates, oportunidades y goles que recibe. Ataca de muchas maneras —sin irrespetar los principios grandes— y defiende de una sola manera, aunque personalizada en cada partido según el comportamiento del rival, pero con la misma intención: recuperación inmediata de balón (su verdadero cómo, innegociable para él). Y dice: "En eso soy muy egoísta: el balón lo quiero para mí. Y si el contrario lo tiene, se lo voy a quitar. Que sepa que se lo voy a quitar, y que voy por él. Mis equipos son eso"[102].

Marcaje combinado de directo y zonal o mixto, en bloque alto en transición sin balón: primero se utiliza el marcaje directo, en el que inmediatamente, allí donde se pierde el balón, y sin importar el posicionamiento del equipo en ese instante: el jugador más cercano al poseedor del balón, va a presionarlo, orientándolo hacia donde desee; los demás jugadores cercanos marcan al hombre a los posibles receptores rivales; si algún jugador sobra, es decir, que no tiene marca cerca, también va a presionar al poseedor del balón; dos defensores centrales y el lateral más alejado (o el medio centro), respaldan simultáneamente en vigilancias con el segundo tipo de marcaje, el zonal o mixto (según la interpretación de la jugada). Todo se ajusta, según el posicionamiento y la táctica del rival respecto a la personalización de cada juego.

A la situación anterior, se agregan los siguientes subprincipios y subsubprincipios (sucediendo todo al mismo tiempo): jugador superado debe pasar la línea del balón y marcar al rival más cercano o poseedor del balón; el equipo debe estar corto; debe tener la intención de recuperar el balón con un cambio de mentalidad agresiva a través de la postura, la orientación y la anticipación, sin cometer faltas, pues se perdería la ventaja del posicionamiento que se tenía.

La concepción de subprincipios del marcaje combinado de directo y zonal o mixto, en transición sin balón, es propia y personal. Para cada DT puede conformarse diferente, a través de otros subprincipios, sin dejar de buscar como objetivo principal el principio de recuperación inmediata de balón.

Marcaje pressing, en bloque alto en momento sin balón: cuando no se logra recuperar el balón inmediatamente y el equipo entra en momento sin balón, se debe organizar, realizando un marcaje pressing en bloque alto a partir de una formación determinada. El jugador más cercano al poseedor del balón, va a presionarlo, orientándolo hacia donde desee; los demás jugadores cercanos marcan al hombre a los posibles receptores rivales; si algún jugador sobra, es decir, que no tiene marca cerca, también va a presionar al poseedor del balón. Las diferentes líneas de la formación pueden recibir tareas puntuales. Todo se ajusta, según el posicionamiento y la táctica del rival respecto a la personalización de cada juego.

A la situación anterior, se agregan los siguientes subprincipios y subsubprincipios (sucediendo todo al mismo tiempo): jugador superado debe pasar la línea del balón y marcar al rival más cercano o poseedor del balón; el equipo se debe recostar hacia el sector donde esté el balón, quedando el jugador rival en el sector más alejado sin recibir marca; el equipo debe estar corto; debe tener la intención de recuperar el balón con un cambio de mentalidad agresiva a través de la postura, la orientación y la anticipación, sin cometer faltas, pues se perdería la ventaja del posicionamiento que se tenía.

La concepción de subprincipios del marcaje pressing, en momento sin balón, es propia y personal. Para cada DT puede conformarse diferente, a través de otros subprincipios, sin dejar de buscar como objetivo principal el principio de recuperación pronta de balón.

Por supuesto, existe un rival intentando impedir que los comportamientos anteriores ocurran. Es fundamental la capacidad de leer el juego, interpretarlo y tomar decisiones en la inmediatez por parte del DT. Constantemente se requieren ajustes: un posicionamiento diferente como formación; acentuar el juego en algunos subprincipios por encima de otros; la aparición de nuevos subprincipios. Lejos de perjudicar la idea, permite no alejarse de ella. Personalizar el juego según el oponente, es una de las principales tareas de un estratega, sin cambiar los principios grandes de su modelo.

La manera en que ataco condiciona la manera en que defiendo y viceversa

Algunos DT tienen ideas de juego que no son negociables. Se pueden cambiar aspectos de manera estratégica y mutar el modelo de juego en función de un rival u objetivo particular, sin modificar la identidad y núcleo de la esencia.

Saber cuáles son —muchos no lo saben— los elementos de juego negociables y no negociables, permite identificar cómo se relacionan entre sí. Un comportamiento ofensivo condiciona otro defensivo. Y uno defensivo condiciona otro ofensivo. No podemos escoger cómo atacar o defender, sin dejar de tener en cuenta el comportamiento recíproco, el de la contraparte.

El que la fase ofensiva y defensiva se condicionen entre sí, supone que hacen parte de un mismo proceso; lo que llamamos el continuum del juego. Las diferenciaremos para ayudar en la construcción del argumento y facilitar el entendimiento, pero ellas como tal no se dividen y funcionan cíclicamente de manera unitaria. "Las fases y subfases se pueden distinguir, nunca separar, ya que forman parte del mismo proceso [...] Tomar conciencia de que, durante el proceso de ataque, estoy generando las condiciones futuras defensivas y viceversa"[103].

Ejemplo 1:
Si el equipo en la parte **ofensiva** es:
- Construido en el juego.
- Tiene posesión de balón.
- Se mantiene corto en distancia.

- Genera mucho volumen ofensivo.

Entonces en la parte **defensiva** —en *transición sin balón*— debe aprovechar el posicionamiento que tenía, buscando recuperar el balón lo antes posible con un marcaje directo. Buscar replegarse estando tan adelantado sería una decisión equivocada, en tanto supone una carrera entre los dos equipos para ver quien retrocede/avanza a mayor velocidad, y se estaría desperdiciando el terreno ganado antes de perder el balón, buscando también mantener al rival lo más alejado del arco propio.

"Viajar juntos es lo que nos permite recuperar el balón lo antes posible en la transición. Después de diez o quince pases el equipo se encuentra corto y eso no permite presionar como queremos en la transición"[104], Guardiola. Se refiere a que su manera de atacar condiciona la manera en que se defiende. Si el equipo no se encuentra corto entre líneas, debido a que viaja junto, no podría recuperar el balón de la manera en que quiere y que efectivamente lo hace.

"Un equipo que quiere jugar al fútbol tiene que desordenarse para atacar. Esto es lo que hacen Iniesta, Xavi, y Cesc. Ocupan los espacios con suma inteligencia y no van nunca por el mismo lado"[105], Ángel Cappa. Se refiere al desorden ordenado en ataque, que condiciona el marcaje directo en defensa. Cuando muchos jugadores están en nuevas posiciones a las que los comportamientos del modelo de juego los llevaron ¿qué tiene más sentido, que el jugador repliegue y busque su posición original cediendo terreno, o que a partir de donde está, intente aprovechar su posicionamiento para recuperar el balón de manera inmediata, lo más rápido posible?

Ejemplo 2:
Si el equipo en la parte **ofensiva** es:
- Directo en el juego.
- Realiza contraataques.
- Se mantiene largo en distancia.
- Genera poco volumen ofensivo.

Entonces en la parte **defensiva** —en *transición sin balón*— no debe salir a presionar al rival, pues se encuentra con mucha distancia entre líneas y sería previsible su adelantamiento generando espacios fáciles de aprovechar. Lo más práctico sería realizar un marcaje zonal con un repliegue en bloque bajo o medio, como el mayor adelantamiento posible.

Se debe tener en cuenta la fisiología, los sistemas energéticos que intervienen en cada forma elegida para atacar o defender. Si un equipo se comporta ofensivamente como en el primer ejemplo, a través de un juego construido, tiene una predominancia de fibras musculares lentas cuando ataca. No quiere decir que el equipo no juegue rápido, quiere decir que los desplazamientos de los jugadores no son de máxima intensidad, de ahí la importancia del juego de posición, y saber cómo ser rápido sin necesariamente moverse rápido al ocupar bien el espacio del terreno. Si el ataque es predominantemente de fibras musculares lentas, su defensa debe ser contraria, explosiva, intensa, es decir, con predominio de fibras rápidas. Tal es la descripción fisiológica del ataque con juego construido y defensa con marcaje directo o pressing alto. Si los procesos se invierten, sigue siendo igual. Atacar rápido, requiere defender lento. Tal sería la descripción fisiológica de atacar con juego directo o a través de contraataques y defensa replegada en zona. Los procesos de ataque y defensa deben ser fisiológicamente contrarios en cuanto a su intensidad, para respetar los procesos de regulación, ondulación y recuperación corporal.

Guardiola y Mourinho atacan y defienden de maneras opuestas, pero respetando cada uno la lógica, la fisiología y dependencia en cada fase, recíprocamente condicionadas. Guardiola ataca con juego construido, y defiende con marcaje directo y pressing alto. Mourinho ataca con juego directo y contraataque, y defiende con marcaje zonal y repliegue.

"Las finales no se juegan, se ganan": falso. Las finales sí se juegan, y así se ganan: correcto

"Hay que ganar como sea", dicen muchos DT. Es decir, se entrena para ganar a través de unos caminos —formas o cómos— pero se gana como sea: contradicción en estado puro. Si en la planificación importa cómo se entrena para ganar, ¿por qué en la competencia no importaría la manera como se gana? La misma premisa de ganar como sea, desprestigia la profesión del DT, que absurdamente, es él mismo quien la predica.

Llevemos el ejemplo al punto más práctico y popular. Si el día de la final el mensaje del DT al jugador es: "No importa el cómo (modelo de juego), las finales no se juegan, se ganan", querría decir que nunca creyó en el modelo de juego que él mismo implantó. Recordemos que la victoria debe aparecer como consecuencia de un plan y no por el azar y la casualidad. Sin embargo, bajo la premisa de "no importa el cómo, solo ganar", estaríamos enfocándonos directamente en el resultado, pero no en la manera de llegar a él. *Y en la vida, así como en el fútbol, las cosas se dan por una razón, no porque sí. Si ponemos la mira en la meta y descuidamos el camino para conseguirla, lo más probables es que no la conquistemos.*

"Todo se vale y lo único que importa es el resultado". No es así. Lo que importa por supuesto es salir campeón, pero ¿por qué dejar de creer en la forma que llevó a el equipo a la final? ¿Cómo es que ahora, ante la dificultad máxima de la competencia, aparece un nuevo lema que induce a creer que lo único que importa es ganar de la manera que sea? Si no nos preocupamos por cómo vamos a ganar, y solo pensamos en ganar porque sí y como sea, sin un modelo de juego que respetemos (sin importar cuál), lo más seguro es que no logremos el objetivo. Quizás para sorprender al rival, realizar cambios estratégicos con incidencia en lo táctico es válido, pero con una razón puntual de ser, no dejarlo al azar por miedo, o porque ese día vale lo que sea y la única premisa sea luchar y que salga lo que salga sin un plan.

Pensando en el futuro de la carrera de un DT, imaginemos dos escenarios a partir de la siguiente afirmación que el DT le comunica a su equipo en la final: "ganar como sea, sin un modelo de juego".

Escenario 1, gana la final:
¿Con qué fundamento y credibilidad el DT le dice al jugador más adelante en otros encuentros: "Juguemos nuevamente con el modelo de juego que nos identifica, regresemos a nuestra manera de jugar"? Si en el instante más crítico y de mayor necesidad, decidió tomar otro camino y traicionar la esencia y la identidad de lo que había enseñado y predicado hasta el momento. "Hoy vale como sea", ¿qué jugador va a creer en las ideas del DT al emprender un nuevo camino?

Escenario 2, pierde la final:
La situación es caótica, el jugador no solo estará confundido por la nueva consigna de no jugar como antes, y donde ahora todo es válido, sino que como el resultado no se dio, jamás va a entender por qué todo el proceso que los condujo hasta ahí, fue irrespetado y dejado a un lado cuando más importaba y más se debía creer en la idea. Los jugadores jamás volverán a creer en el DT, credibilidad cero y con lo que cuesta construirla. Cuanto más alta es la exigencia, más deberíamos aferrarnos a creer en la forma que consideramos más nos acerca a la victoria. ¿Por qué traicionar o irrespetar en la última instancia el camino y el cómo que trajo al equipo hasta la final? ¿Si antes era válido, cómo es que ahora vale el como sea? ¿Por qué ante la necesidad y presión del resultado, se pierde credibilidad en todo lo que permitió que el equipo llegara hasta ese punto? ¿Por qué dejar de creer en el modelo de juego y lo que

representa el jugar del equipo, justo cuando más hay que creer? Si cuando más dificultad existe se abandonan las raíces de juego, querría decir que no estaban arraigadas, que no existe una identidad significativa en la forma de jugar del DT.

Nos encontramos con DT —incluso en el más alto nivel profesional— sin una identidad de juego, y por consiguiente, sin un modelo de juego, o si acaso con conceptos ambiguos. Después nos preguntamos por qué la brusca variabilidad de comportamientos tácticos en los equipos, la poca continuidad de una forma de jugar y los pobres rendimientos. Finalmente, es ahí cuando aparecen e intervienen el azar y la casualidad como protagonistas, invitados de lujo por los mismos DT.

Modelo de juego demostrativo de Samy Stroh en ejecución

En el siguiente video observaremos el modelo de juego del autor del libro y DT Samy Stroh, compilado en cinco equipos diferentes en los que trabajó. La intención no es sugerir que este modelo de juego es el indicado ni el más favorable, sino, únicamente, evidenciar que sí es posible ejecutar determinados comportamientos recurrentes (independiente de cuáles sean)… sin importar categoría, capacidad de los jugadores, clima, condiciones y dimensiones del campo. Normalmente, esos son los factores a los que los DT acuden para justificar la no realización de su modelo de juego. "En categorías pequeñas es muy difícil que se cumplan determinados comportamientos. La capacidad de los jugadores no es suficiente para realizar ese tipo de juego. El clima —temperatura muy alta— nos impidió realizar nuestro modelo de juego. Las condiciones del campo —mal estado por lluvia o irregularidades del terreno— y las dimensiones —muy pequeñas, poco espacio— nos impidieron jugar como queríamos". Todos esos factores son válidos para tener en cuenta, pero no para descartar o imposibilitar la realización del modelo de juego categóricamente. Si no logran ejecutarlo, es sencillamente porque no tienen la capacidad por dos diferentes motivos: no lo tienen claro conceptualmente y/o no saben cómo entrenarlo (metodológicamente, pedagógicamente, didácticamente).

En el modelo de juego encontraremos los siguientes principios: juego de posición y juego construido (en momento con balón). Marcaje combinado de directo y zonal o mixto (en transición sin balón). Pressing (en momento sin balón). También estarán expuestos algunos subprincipios que componen los principios anteriores.

Referencias bibliográficas

1. Tamarit X. Periodización Táctica vs Periodización Táctica. Bogotá: 2014
2. 433tv. Pep Guardiola X 433 [Internet]. 2018 [consultado 3 may 2019]. Disponible en: http://www.youtube.com/watch?v=XGpiXGKiGJc
3. Generalitat Valenciana. La iniciación deportiva desde la praxiología motriz [Internet]. C2005-2017 [consultado 18 Abr 2019]. Disponible en: http://www.cult.gva.es/dgd/form_amb_deportivo/dxtes%20equipo/hernandez%20moreno.pdf
4. As Colombia. Xavi y el síndrome de la clase alta [Internet]. 2018 [consultado 6 Feb 2019]. Disponible en: https://colombia.as.com/colombia/2018/01/10/opinion/1515553803_280330.html
5. Pinies G. Mirar, ver y comprender. Perarnau Magazine [Internet]. 2015 [consultado 22 Abr 2018]. Disponible en: https://www.martiperarnau.com/mirar-ver-y-comprender/
6. Romero P. La Liga en Colombia se mueve entre 'lo táctico' y el bajo nivel. El Tiempo [Internet]. 2017 [consultado 2 Ene 2019]. Disponible en: http://www.eltiempo.com/deportes/futbol-colombiano/analisis-de-las-finales-de-la-liga-aguila-2017-ii-160172
7. Infobae. Sorín sigue molesto por las críticas por su paso por el Barcelona [Internet]. 2005 [consultado 25 Nov 2018]. Disponible en: https://www.infobae.com/2005/01/25/163890-sorin-sigue-molesto-las-criticas-su-paso-el-barcelona/
8. Mibundesliga. Jurgen Klopp un romántico [Internet]. C2010-2017 [consultado 15 Jun 2018]. Disponible en: http://mibundesliga.com/foro/futbol-aleman/es-jurgen-klopp-un-romantico/
9. Miguez C. Fernando Curutchet: "Fue un partido muy táctico y pudimos liquidarlo". Tenfield.com [Internet]. 2014 [consultado 4 Ene 2019]. Disponible en: http://www.tenfield.com.uy/fernando-curuchet-fue-un-partido-muy-tactico-y-pudimos-liquidarlo/

10. Soloascenso. "Fue un partido táctico" [Internet]. 2017 [consultado 7 Abr 2019]. Disponible en: http://www.soloascenso.com.ar/notas/riestra/fue-un-partido-tactico/107182

11. Ñandutí diario digital. Ramón Díaz anuncia un planteamiento "táctico" ante la velocidad de Jamaica [Internet]. 2015 [consultado 9 May 2019]. Disponible en: http://www.nanduti.com.py/2015/06/15/ramon-diaz-anuncia-un-planteamiento-tactico-ante-la-velocidad-de-jamaica/

12. Stroh S. Táctica relacionada únicamente con defender [Internet]. 2019 [consultado 4 Jul 2019]. Disponible en: https://www.youtube.com/watch?v=CJC8OXbupRI&feature=youtu.be

13. González A. Los entrenadores de Once Caldas y Deportivo Pasto dan su visión del primer juego de la Liga Águila 2016-I. Vavel [Internet]. 2016 [consultado 19 Oct 2018]. Disponible en: https://www.vavel.com/colombia/futbolcolombiano/2016/01/30/oncecaldas/598613javier-torrente-fue-un-partido-muy-tactico-pero-debemos-seguir-creciendo-como-equipo.html

14. Fox Deportes. "Fue un partido muy táctico": Gustavo Díaz [Internet]. 2017 [consultado 13 May 2019]. Disponible en: https://www.youtube.com/watch?v=UZJ7X4Mglu8

15. Sierra J. Rueda: "Fue un partido de negocio, poco vistoso y táctico". As Colombia [Internet]. 2015 [consultado 7 Nov 2018]. Disponible en: https://colombia.as.com/colombia/2015/10/23/futbol/1445616703_660692.html

16. Win Sports. ¡Gerardo Pelusso, tras el triunfo de Cali sobre América! [Internet]. 2018 [consultado 5 May 2019]. Disponible en: https://www.youtube.com/watch?v=KGa4HekeJpw

17. Ibidem

18. Ibidem

19. Stroh S. Táctico no es sinónimo de defensivo [Internet]. 2018 [consultado 3 Mar 2019]. Disponible en: https://www.youtube.com/watch?v=_QY62Birbb8

20. Pasión Tricolor. Munúa: "Me imaginaba un partido muy táctico" [Internet]. 2015 [consultado 14 Oct 2018]. Disponible en:

https://www.pasiontricolor.com.uy/radio/entrevistas/un-partido-muy-parejo/

21. Unosantafe. Madelón: "No hay que confundir el camino" [Internet]. 2017 [consultado 18 Feb 2019]. Disponible en: https://www.unosantafe.com.ar/santa-fe/madelon-no-hay-que-confundir-el-camino-n2006812.html

22. ColombiaSports.net [Internet]. 2015 [consultado 19 Abr 2019]. Disponible en: https://www.colombiasports.net/futbol/audio-hicimos-un-partido-tactico-muy-importante-ante-grandes-ausencias-teo-gutierrez

23. Romero P. La Liga en Colombia se mueve entre 'lo táctico' y el bajo nivel. El Tiempo [Internet]. 2017 [consultado 11 Nov 2018]. Disponible en: http://www.eltiempo.com/deportes/futbol-colombiano/analisis-de-las-finales-de-la-liga-aguila-2017-ii-160172

24. Varona A. "Me sobran años, pero no me sobran dudas". Panenka [Internet]. 2020 [consultado 26 Ago 2020]. Disponible en: https://www.panenka.org/miradas/entrevistas/me-sobran-anos-pero-no-me-sobran-dudas/

25. Pinies G. Mirar, ver y comprender. Perarnau Magazine [Internet]. 2015 [consultado 22 Dic 2018]. Disponible en: https://www.martiperarnau.com/*mirar*-ver-y-comprender/

26. Sáez F. Pacho Maturana: "La táctica es el alma del futbol". El País [Internet]. 2014 [consultado 8 May 2019]. Disponible en: https://elpais.com/deportes/2014/06/14/mundial_futbol/1402704780_994466.html

27. Malo V. Xavi: "He demostrado que la teoría del físico no se sostiene". Sport [Internet]. 2012 [consultado 25 Dic 2018]. Disponible en: https://www.sport.es/es/noticias/barca/xavi-he-demostrado-que-la-teoria-del-fisico-no-se-sostiene-1301101

28. Frasesmotivadoras10.com. Frases de Pep Guardiola [Internet]. C2008-2015 [consultado 3 Abr 2019]. Disponible en: https://www.frasesmotivadoras10.com/deporte/futbol/frases-de-pep-guardiola/

29. El País. Las frases de Johan Cruyff [Internet]. 2016 [consultado 16 Nov 2018]. Disponible en:

https://elpais.com/deportes/2016/03/24/actualidad/1458836906_612290.html

30. Muñoz D. Palabra de Menotti. El Mundo [Internet]. 2011 [consultado 21 Nov 2018]. Disponible en: https://www.elmundo.es/elmundodeporte/2011/03/13/futbol/1300043958.html

31. Candelasfutsal [Internet]. 2017 [consultado 19 Ene 2019]. Disponible en: https://twitter.com/Candelasfutsal/status/870694477827940352

32. Parlebas P. Juegos, deporte y sociedad - léxico de praxiología motriz. Barcelona: Paidotribo; 2008

33. Varsky J. Mourinho, el revolucionario. La Nación [Internet]. 2010 [consultado 17 Abr 2019]. Disponible en: https://www.lanacion.com.ar/1259446-mourinho-el-revolucionario

34. Notas. Cesar Luis Menotti: "El 90% de los futbolistas no saben jugar" [Internet]. 2015 [consultado 17 Mar 2019]. Disponible en: https://notasperiodismopopular.com.ar/2015/10/15/cesar-luis-menotti-futbolistas-no-saben-jugar/

35. El Confidencial. Henry da las gracias a Guardiola: "Aprendí a jugar al fútbol de nuevo a los 30 años" [Internet]. 2018 [consultado 18 Abr 2019]. Disponible en: https://www.msn.com/es-xl/noticias/otras/henry-dalasgracias-a-guardiola-"aprend%C3%ADa-jugar-al-fútbol-de-nuevo-a-los-30-años/ar-BBMCbaD

36. El Espectador. Con Van Gaal las cosas van mal [Internet]. 2015 [consultado 2 Dic 2018]. Disponible en: https://www.elespectador.com/deportes/futbolinternacional/van-gaal-cosas-van-mal-articulo-548089

37. The tactical room. Gaby Milito: "Soy demasiado autoexigente: debo aceptar que el error forma parte del juego y del crecimiento". Perarnau Magazine [Internet]. 2018 [consultado 5 May 2019]. Disponible en: https://www.martiperarnau.com/gaby-milito-soy-demasiado-autoexigente-debo-aceptar-que-el-error-forma-parte-del-juego-y-del-crecimiento/

38. Tamarit X. Periodización táctica vs periodización táctica. Librofútbol.com; 2016

39. Varsky J. Más que Fútbol. DirecTV Sports [Tv]. C2014

40. Radio del Plata. Siempre es hoy [Internet]. 2016 [consultado 6 May 2019]. Disponible en: https://www.amdelplata.com/segmentos/5825bf786203200c0287a39c/cappa-hace-mucho-tiempo-que-argentina-perdio-su-identidad-fubolistica-

41. Roffé M. Aprendiendo con Pep Guardiola. Asociación de Psicología del Deporte Argentina [Internet]. 2015 [consultado 1 Sep. 2018]. Disponible en: https://www.psicodeportes.com/aprendiendo-con-pep-guardiola/

42. El Tiempo. Las frases célebres de Lillo [Internet]. 2017 [consultado 13 Abr 2019]. Disponible en: https://www.eltiempo.com/deportes/futbol-colombiano/juan-manuel-lillo-y-sus-conceptos-101240

43. Fifa.com. Louis van Gaal: "Mi filosofía sigue siendo la misma" [Internet]. 2008 [consultado 2 May 2019]. Disponible en: https://es.fifa.com/news/louis-van-gaal-filosofia-sigue-siendo-misma-668125

44. Elbal N. Marcelo Bielsa - Valores y convicciones [Internet]. 2016 [consultado 3 May 2019]. Disponible en: https://www.youtube.com/watch?v=eUWTeX6ROg8&t=277s

45. Ibidem

46. Bakero. El Triunfo y la derrota son dos impostores. FMSite.net [Internet]. 2015 [consultado 8 May 2019]. Disponible en: https://www.fmsite.net/forums/topic/77365-el-triunfo-y-la-derrota-son-dos-impostores/

47. Loret M. ¿Quién dice que los merecimientos no juegan en el fútbol? denganche.com [Internet]. 2017 [consultado 8 Abr 2019]. Disponible en: https://denganche.com/la-opinion/-quien-dice-que-los-merecimientos-no-juegan-en-el-futbol

48. JuanGenova980 [Internet]. 2018 [consultado 21 Ene 2020]. Disponible en: https://twitter.com/JuanGenova980/status/999327670155513860

49. Elbal N. Marcelo Bielsa - Valores y convicciones [Internet]. 2016 [consultado 4 Ene 2019]. Disponible en: https://www.youtube.com/watch?v=eUWTeX6ROg8&t=277s

50. Semana. Las geniales, curiosas y a veces incomprensibles frases del nuevo técnico del Nacional [Internet]. 2017 [consultado 16 May 2019]. Disponible

en: https://www.semana.com/deportes/articulo/frases-geniales-y-curiosas-de-juan-manuel-lillo-tecnico-de-nacional/529830

51. Diario El Correo. Las frases que identifican a Marcelo Bielsa [Internet]. 2011 [consultado 9 Nov 2018]. Disponible en: https://athletic.elcorreo.com/noticias/2011-07-08/frases-identifican-marcelo-bielsa-201107081948.html

52. JuanGenova980 [Internet]. 2019 [consultado 17 Feb 2019]. Disponible en: https://twitter.com/JuanGenova980/status/1085657011528712192

53. Granado M. Siempre gana quien mejor jugó. Elfutbolymasalla.com [Internet]. 2015 [consultado 18 Nov 2018]. Disponible en: http://elfutbolymasalla.com/siempre-gana-quien-mejor-jugo/

54. Ibidem

55. Ibidem

56. Renée D. EE.UU '94, Bebeto: "Ganó el equipo que jugó mejor". Heraldo [Internet]. 2010 [consultado 15 Feb 2019]. Disponible en: https://www.heraldo.es/noticias/deportes/futbol/2010/06/07/ee-94-bebeto-gano-equipo-que-jugo-mejor-89561-1101028.html

57. Grado Á. Mourinho: "Ganó el equipo que mereció ganar". Marca [Internet]. 2017 [consultado 16 Feb 2019]. Disponible en: https://www.marca.com/futbol/premier-league/2017/10/21/59eb78b6468aeb06438b469e.html

58. Clarín.com. Fútbol local. [Internet]. 2017 [consultado 19 Feb 2019]. Disponible en: https://www.clarin.com/deportes/futbol/boca-juniors/juan-roman-riquelme-gano-mejor-jugo-darle-vuelta_0_BkPAlzYlb.html

59. Cupido R. Marcelo Bielsa y una nueva lección. El método Bielsa [Internet]. 2013 [consultado 23 Mar 2019]. Disponible en: http://metodobielsa.blogspot.com/2013/06/marcelo-bielsa-y-una-nueva-leccion.html

60. Diario Popular. 14 frases de Johan Cruyff, un distinto de pies a cabeza [Internet]. 2016 [consultado 20 Dic 2018]. Disponible en: https://www.diariopopular.com.ar/futbol/14-frases-johan-cruyff-un-distinto-pies-cabeza-n253486

61. Labrín N. El Milan de Arrigo Sacchi. Winflag11 magazine [Internet]. 2014 [consultado 24 Dic 2018]. Disponible en: https://wf11blog.wordpress.com/2014/04/03/el-milan-de-arrigo-sacchi/

62. Clarke G, Jones T. Bobby Robson: más que un director técnico [Documental]. 2018

63. Ibidem

64. Marco. 30 frases de Louis Van Gaal. La pelota no dobla [Internet]. 2010 [consultado 11 Mar 2019]. Disponible en: http://la-pelota-no-dobla.blogspot.com/2010/10/30-frases-de-louis-van-gaal.html

65. Torres D. En el laboratorio del doctor Tuchel. El País [Internet]. 2016 [consultado 19 Mar 2019]. Disponible en: https://elpais.com/deportes/2016/12/05/actualidad/1480970751_996294.html

66. Enguix S. ¿Qué es jugar bien al fútbol?. Mundo Fútbol Base [Internet]. 2017 [consultado 12 Sep 2018]. Disponible en: http://mundofutbolbase.es/art/2098/-que-es-jugar-bien-al-futbol-

67. Torres D. Ángel Cappa: "El futuro del fútbol está en el pasado". El País [Internet]. 2009 [consultado 15 Ene 2019]. Disponible en: https://elpais.com/diario/2009/07/06/deportes/1246831214_850215.html

68. Frasesmotivacion.net. Frases de Ángel Cappa [Internet]. C2012-2013 [consultado 9 Nov 2018]. Disponible en: https://frasesmotivacion.net/frase/3872

69. El CincoCero. Frases más recordadas de Louis van Gaal [Internet]. 2017 [consultado 14 Nov 2018]. Disponible en: https://www.elcincocero.com/noticias/detalle/58selecciones/2518-frases-mas-recordadas-de-louis-van-gaal

70. Diario El Correo. Las frases que identifican a Marcelo Bielsa [Internet]. 2011 [consultado 9 Nov 2018]. Disponible en: https://athletic.elcorreo.com/noticias/2011-07-08/frases-identifican-marcelo-bielsa-201107081948.html

71. Merlo A. Rinus Michels: cuando el mejor resultado es una idea. El Gráfico [Internet]. 2012 [consultado 26 Dic 2018]. Disponible en:

https://www.elgrafico.com.ar/2012/05/24/C-4235-rinus-michels-cuando-el-mejor-resultado-es-una-idea.php

72. Proferonald. Juan Carlos Osorio jugar por el amor a ganar [Internet]. 2018 [consultado 20 Ene 2019]. Disponible en: https://www.youtube.com/watch?v=bsCBGV3NxO0

73. Dflatorre [Internet]. 2018 [consultado 24 Feb 2019]. Disponible en: https://twitter.com/dflatorre/status/983840259216637952

74. Marca.com. Javi García: "Me encanta la manera de ver el fútbol de Setién [Internet]. 2018 [consultado 2 Mar 2019]. Disponible en: https://www.marca.com/futbol/betis/2018/01/01/5a4a602f22601d8b0d8b4642.html

75. Rorrocarballodt [Internet]. 2017 [consultado 4 Nov 2018]. Disponible en: https://twitter.com/rorrocarballodt/status/829684501324431362?lan g=es

76. Dflatorre [Internet]. 2018 [consultado 18 Abr 2019]. Disponible en: https://twitter.com/dflattorre/status/968942370938081283

77. La Nación. Ángel Cappa: "Brasil jugó como un equipo chico" [Internet]. 2009 [consultado 21 Oct 2018]. Disponible en: https://www.lanacion.com.ar/1171828-angel-cappa-brasil-jugo-como-un-equipo-chico

78. NosGustaElFutbo [Internet]. 2015 [consultado 6 Nov 2018]. Disponible en: https://twitter.com/NosGustaElFutbo/status/611828920019718144

79. Perarnau M. Pep Guardiola - La metamorfosis. Barcelona: Corner; 2016

80. The tactical room. Xavi Hernández: "En general el Barça se ha dormido. Hay que potenciar la cantera y su modelo de juego". Perarnau Magazine [Internet]. 2017 [consultado 10 May 2019]. Disponible en: https://www.martiperarnau.com/xavi-hernandez-en-general-el-barca-se-ha-dormido-hay-que-potenciar-la-cantera-y-su-modelo-de-juego/

81. Enguix S. ¿Qué es jugar bien al futbol?. Mundo Fútbol Base [Internet]. 2017 [consultado 12 Sep 2018]. Disponible en: http://mundofutbolbase.es/art/2098/-que-es-jugar-bien-al-futbol-

82. Marca. Las mejores frases del "Take the ball, pass the ball": Xavi, Henry, Eto'o, Messi, Guardiola… [Internet]. 2018 [consultado 3 May 2019]. Disponible en:

https://www.marca.com/futbol/barcelona/2018/12/20/5c1ad0dbe2704ec d378b456d.html

83. Hayterstv [Internet]. 2020 [consultado 22 Ene 2020]. Disponible en: https://www.instagram.com/p/B7bVx22gJTU/?utm_source=ig_web_copy_link

84. García H. Leyendas del fútbol: Rinus Michels, el padre del "Fútbol Total". Fútbol Táctico Group [Internet]. 2014 [consultado 15 Mar 2020]. Disponible en: https://www.futbol-tactico.com/es/leyendas_del_futbol/rinus-michels-el-padre-del-futbol-total-.html

85. Romero S. Frases célebres sobre el fútbol [Internet]. 2010 [consultado 26 Ago 2020]. Disponible en: https://www.muyinteresante.es/cultura/arte-cultura/articulo/seis-frases-celebres-sobre-el-futbol

86. Frasesmotivacion.net. Frases de Jorge Valdano [Internet]. C2012-2015 [consultado 20 Abr 2019]. Disponible en: https://frasesmotivacion.net/frase/3613

87. Frasesmotivacion.net. Frases de Jorge Valdano [Internet]. C2011-2016 [consultado 20 Abr 2019]. Disponible en: https://frasesmotivacion.net/frase/692

88. Frasesmotivacion.net. Frases de Jorge Valdano [Internet]. C2011-2014 [consultado 20 Abr 2019]. Disponible en: https://frasesmotivacion.net/frase/736

89. Guardiola J. Pasión, liderazgo y trabajo en equipo. Bogotá: 2013.

90. The tactical room. Xavi Hernández: "En general el Barça se ha dormido. Hay que potenciar la cantera y su modelo de juego". Perarnau Magazine [Internet]. 2017 [consultado 10 May 2019]. Disponible en: https://www.martiperarnau.com/xavi-hernandez-en-general-el-barca-se-ha-dormido-hay-que-potenciar-la-cantera-y-su-modelo-de-juego/

91. Oppenheimer A. ¡Crear o morir!. Debate; 2014

92. Frasesmotivacion.net. Frases de Deportes [Internet]. C2012-2015 [consultado 20 Abr 2019]. Disponible en: https://frasesmotivacion.net/frase/3819

93. Tuñez S. "Cuantas más opciones de pase haya, menos se corre". Defutbolsomos [Internet]. 2017 [consultado 21 Abr 2019]. Disponible en: http://www.defutbolsomos.com.ar/a-veces-en-el-futbol-se-corre-demasiado/

94. Fernandez D. El juego de posición. Perarnau Magazine [Internet]. 2012 [consultado 10 Ene 2020]. Disponible en: https://www.martiperarnau.com/el-juego-de-posicion/

95. Frasesmotivacion.net. Frases de César Luís Menotti [Internet]. C2012-2015 [consultado 24 Abr 2019]. Disponible en: https://frasesmotivacion.net/frase/3910

96. Huerga M. All or Nothing: Manchester City [Documental]. 2018

97. Misentrenamientosdefutbol.com. Juego de Posición [Internet]. C2012-2018 [consultado 20 Abr 2019]. Disponible en: https://www.misentrenamientosdefutbol.com/diccionario/juego-de-posicion

98. Ascencio J. 'Fútbol de posición', la idea de Lillo en Millonarios. El Tiempo [Internet]. 2014 [consultado 20 Abr 2019]. Disponible en: https://www.eltiempo.com/archivo/documento/CMS-13553357

99. Fernandez D. El juego de posición. Perarnau Magazine [Internet]. 2012 [consultado 10 Ene 2020]. Disponible en: https://www.martiperarnau.com/el-juego-de-posicion/

100. Torres D. Ángel Cappa: "El futuro del fútbol está en el pasado". El País [Internet]. 2009 [consultado 15 Abr 2019]. Disponible en: https://elpais.com/diario/2009/07/06/deportes/1246831214_850215.html

101. Misentrenamientosdefutbol.com. Juego de Posición [Internet]. C2012-2018 [consultado 20 Abr 2019]. Disponible en: https://www.misentrenamientosdefutbol.com/diccionario/juego-de-posicion

102. Blanco J. Pep Guardiola en 50 frases. Sport [Internet]. 2016 [consultado 22 Abr 2019]. Disponible en: https://www.sport.es/es/noticias/premier-league/50-mejores-frases-guardiola-5260886

103. Cano O. El modelo de juego del FC Barcelona. España: MC Sports; 2012

104. Chelotti F. Pep Guardiola en Argentina - Conferencia Lideres Positivos [Internet]. 2013 [consultado 15 May 2019]. Disponible en: https://www.youtube.com/watch?v=kpNd8IDHCLk

105. Frasesmotivacion.net. Frases de Ángel Cappa [Internet]. C2012-2015 [consultado 15 May 2019]. Disponible en: https://frasesmotivacion.net/frase/3852

Comprender el juego, permite no solo estar un paso adelante, permite identificar cuándo manipulan la información, cuándo transgreden voluntaria e involuntariamente a través del análisis y las conclusiones en función de intereses particulares o sencillamente por desconocimiento, permite velar por una educación apropiada a través del fútbol (recordemos que es una de las herramientas educativas más fuertes y populares que existen, controlar que su uso sea positivo y esté correctamente direccionado, es fundamental). "El mismo hecho que se utiliza para amplificar un comportamiento en la victoria, es el que se utiliza para condenar en la derrota. Si Neymar recupera la pelota, contraatacamos, hacemos un gol y ganamos ocho partidos seguidos: Mirá, domesticó a Neymar, hizo que fuera colectivo en vez de individual. Pero el día que pierda: Este burro, en vez de hacerlo jugar a Neymar al lado del arco, lo hace perseguir al marcador de punta rival. Pervertimos según victoria o derrota". Marcelo Bielsa.

Made in the USA
Las Vegas, NV
14 December 2024

14340280R00069